INTRODUCTION

A LA LECTURE

DES

NOTES TIRONIENNES

PAR

ÉMILE CHATELAIN

(Avec 18 Planches)

PARIS, CHEZ L'AUTEUR

1900

LES

NOTES TIRONIENNES

INTRODUCTION

A LA LECTURE

DES

NOTES TIRONIENNES

PAR

ÉMILE CHATELAIN

(Avec 18 Planches)

PARIS, CHEZ L'AUTEUR

—

1900

A LA MÉMOIRE

DE

JULIEN HAVET

PRÉFACE

L'étude des Notes tironiennes est une partie si obscure de la paléographie latine que les ouvrages, même les plus étendus, consacrés à cette science ne donnent que des indications sommaires sur la nature des notes et la méthode à suivre pour arriver à leur déchiffrement. Il y a là une grave lacune que je n'ai pas la prétention de combler par la publication de ce premier essai, autographié au jour le jour et destiné surtout à mes élèves. Plusieurs fois, soit à l'École pratique des Hautes Études, soit à la Faculté des Lettres de Paris, j'ai consacré à l'étude de la tachygraphie latine une série de conférences, sans avoir le loisir de traiter le sujet à fond. Munis de cette Introduction, en attendant mieux, nos élèves pourront prendre goût à une science créée par Kopp au commencement de ce siècle, cultivée encore par quelques-uns en Allemagne et qui ne doit pas disparaître de France, après les illustres travaux de J. Tardif et de Julien Havet.

Sans doute il faudra toujours recourir au lexique méthodique de Kopp ou à celui qu'avait préparé Jules Tardif, et qui doit paraître prochainement à la librairie Leroux. Wilhelm Schmitz est mort récemment sans avoir publié celui qu'il avait promis. Mais pour lire les notes d'un manuscrit ou d'un diplôme, il ne suffit pas d'avoir entre les mains un dictionnaire qui, du reste, ne contient pas tous les mots ni toutes les formes; l'important est de savoir s'en servir. J'espère que les étudiants qui manieront cette Introduction arriveront sans trop de peine à déchiffrer les Notes tironiennes et ne seront plus exposés à en signaler là où il n'y en a pas.

La tachygraphie antérieure à Charlemagne est encore peu connue. Les gens compétents apprécieront peut-être les renseignements nouveaux que j'ai tirés des manuscrits de Paris, de Milan et de Vérone, et que j'ai le projet de compléter un jour.

BIBLIOGRAPHIE

CARPENTIER (Dom P.). Alphabetum tironianum seu notas Tironis explicandi methodus. Lutetiae Parisiorum, Guérin, 1747, in-fol.

Premier essai de lecture des formules contenues dans le ms. de Paris. lat. 2718.

CHATELAIN (Émile). Paléographie des classiques latins. Paris, Hachette, 1884-1900, in-fol.

Pl. 67 et 73 (2). Virgile. — Pl. 94. Ovide.

— Notes tironiennes d'un manuscrit de Genève, (*Mélanges Julien Havet*, Paris, Leroux, 1895, in-8°, p. 81-86).

— La tachygraphie syllabique [Mariage Tribalet-Tournier]. Paris, Delalain, 31 janvier 1899. 11 p. in-16 et 1 pl. autogr.

CIPOLLA (Carlo). La tachygraphie ligurienne au XIe siècle (*Mélanges Julien Havet*, p. 87-96).

GIRY (Arthur). Manuel de diplomatique. Paris, Hachette, 1894, in-8° [p. 519-523].

HAGEN (Hermann). De codicis Bernensis n. 109 tironianis disputatio, duabus tabulis lithographica arte depictis adjuta. (*Sollemnia anniversaria conditae Universitatis*...) Bernae, typis Collini, 1880, 16 p. in-4°.

Havet (Julien). Notes tironiennes dans les diplômes mérovingiens (*Bibl. de l'École des chartes*, XLVI, 1885, p. 720).

— Charte de Metz accompagnée de notes tironiennes, 27 déc. 848 (*Ibid.*, XLIX, 1888, p. 95-101).

— L'écriture secrète de Gerbert (*C. Rendus de l'Acad. des inscr.*, 4e sér., XV, 1887, p. 94-112).

— La tachygraphie italienne du xe siècle (*Ibid.*, p. 351-375).

Ces articles ont été réimprimés dans les Œuvres de Julien Havet (Paris, Leroux, 1896), t. II, p. 459-503.

— Lecture des notes tironiennes d'un manuscrit d'Adalbaldus, avec héliogravure, à la suite de la " Note sur un monogramme d'un prêtre artiste du ixe siècle " par MM. Desnoyers et L. Delisle (*C. rendus de l'Acad. des inscr.*, 1887).

Kopp (Ulricus Fridericus). Palaeographica critica. Mannhemii, sumptibus auctoris, 1817, 4 vol. in-4°.

Les t. I et II (lexique) ont posé les bases du déchiffrement des notes.

Krause (Carolus). Grammatica tironiana. Dresdae, Meinhold, 1853, 16 p. in-4°, autogr.

Kühnelt (Anton P.). Ueber die Geschwindschrift der Alten. Versuch einer Geschichte der unter dem Namen " Tironische Noten " bekannten Tachygraphie der Römer. Wien, 1872, 88 p. in-4°.

Lehmann (Oscar). Quaestiones de notis Tironis et Senecae. Leipzig, Naumann, 1869. 32 p. in-8° et 3 pl. autogr.

— Das tironische Psalterium der Wolfenbütteler Bibliothek, herausgegeben vom königl. stenographischen Institut zu Dresden, mit einer Einleitung und Uebertragung des tironischen Textes. Leipzig, Teubner, 1885 (208 p. et 120 fol. autogr.), in-8°.

Lion (Albert). Tironiana et Maecenatiana sive M. Tullii Tironis et C. Cilnii Maecenatis operum fragmenta. Editio 2a. Gottingae, 1846, vi-57 p. in-8°.

Meyer (Wilhelm). Die Berliner Centones der Laudes Dei des Dracontius (*Sitzungsberichte der K. Akademie der Wissenschaften zu Berlin*, XV, 1890, 1, p. 257-296). Mit 2 Tafeln.

Dans un « Anhang », p. 293 sqq. l'auteur publie des notes tironiennes accompagnant le texte de Juvencus qui se trouve dans le même ms. Meermann-Phillipps 1824, olim Coll. Paris. S. J. n° 730.

Mitzschke (Paul). Quaestiones tironianae, Berlin, Mittler, 1875, 46 p. in-8°.

— M. Tullius Tiro. Berlin, Mittler, 1875, 16 p. in-8°.

Nouveau traité de diplomatique..., par deux religieux Bénédictins de la Congrégation de St-Maur. Paris, Desprez (t. III, p. 499-622; pl. 62), 1757, in-4°.

Palaeographical Society. Second series, tab. 12.

Une page du ms. de Virgile (Bern. 165) avec commentaire contenant des notes tironiennes.

Rose (Valentinus). Ars notaria, tironische Noten und Stenographie im XII Jahrhundert (*Hermes*, VIII, 1874, p. 303-326).

Ruess (Ferdinand). Ueber die Tachygraphie der Römer. München, Stahl, 1879, 30 p. et 27 p. autogr. in-8°.

Étude spéciale sur l'usage du point dans les notes tironiennes.

— L und die Durchschneid in den tiron. Noten. Neuburg a.D. 1884.

— Die tironische Endungen [Prog. des K. Luitpold-Gymnasiums]. München, 1889, 42 p. in-8°.

— Gabelsberger und die tironische Noten (*Abhandlungen aus dem Gebiet der klassischen Altertums-Wissenschaft Wilhelm von Christ zum 60en Geburtstag dargebracht von seinen Schülern*. München, Beck, 1891, in-8°, p. 125-133.)

Sarpius (Gustavus). Prolegomena ad tachygraphiam Romanam. Particula 1a. Rostochii, 1829. 32 p. in-4°.

Schmitz (Wilhelm). Studien zur lateinische Stenographie. (*Panstenographikon*, I, Leipzig, Wartig, 1869-74, p. 3-21 ; 195-208).

I. Die Madrider Noten (avec 7 pl. autogr.).
II. Notae Bernenses. — Notarum Bernensium index (*ibid.* p. 339-463). Beilage : 75 pl. in-fol. autogr. [Lexique tironien fragmentaire publié d'après les mss. de Berne 358 et 668].

— Beiträge zur lateinischen Sprach- und Litteraturkunde. Leipzig, Teubner, 1877, in-8°.

Réimpression d'articles dont les suivants intéressent la tachygraphie :

XLVII. Zu den sogenannten « Notae Tironis ac Senecae » (1863).
XLVIII. Tironiana (1864).
XLIX. De Romanorum tachygraphia (1869). Zusätze : 1. Anzeige von Oskar Lehmann's *Quaestiones de Notis Tironis ac Senecae* (1869). 2. Anzeige von Paul Mitzschke's *Quaestiones Tironianae* (1875).
L. Die Strassburger Handschrift der Tironischen Noten (1870).
LI. Die Strassburger Handschrift der Tironischen Noten zur Ergänzung von Lücken in Gruter's Text (1870).
LII. Die Leidener Handschriften der Tironischen Noten (1874)
LIII. Die Pariser Handschriften der Tironischen Noten (1876).
LIV. Die Gruppen der sämmtlichen Handschriften der Tironischen Noten (1876, mit Zusätzen von 1877).

LV. Tironiana auf der Ambrosianischen Bibliothek (1876).
LVI. Zur Erklärung und Emendation der Tironischen Noten, 1-30 (1863-1877).

— Zu den tironischen Noten (*Rheinisches Museum*, XXXIII, 1878, p. 321.)

— Ueber die beiden von Bonaventura Vulcanius edirten anonymen 'Commentarioli' und über eine Handschrift der Tironischen Noten. (*Monatschrift für die Geschichte Westdeutschlands*, IV, 1878, p. 578-586.)

— Tironische Noten des Escorial (*Litteraturblatt des stenographische Institut zu Dresden*, 1879, n° 5.)

— Studien zu den tironischen Noten. (*Festschrift zur Begrüssung der XXXIV Versammlung deutscher Philologen u. Schulmänner zu Trier...* Bonn, Georgi, 1879, in-8°, p. 53-68.)

— Studien zur lateinische Tachygraphie. Progr. gymn. Köln, 1880-81, in-4°.

Étude de la partie des Commentarii conservée dans le ms. 9311 de Bruxelles, etc.

— Monumenta tachygraphica codicis Parisiensis latini 2718. Hannoverae, Hahn, in-4°.

Fasc. I : Formulae et capitulare Ludovici pii Aquisgranense (Adjectae sunt 22 tabulae phototypae). 1882.
Fasc. II : Sancti Johannis Chrysostomi de cordis conpunctione libri II latine versi (Adjectae sunt 15 tabulae phototypae). 1883.

— Zur Erklärung der tironischen Noten in Handschriften der Kölner Dombibliothek (*Neues Archiv der Gesellschaft für ältere deutsche Geschichtskunde*, XI, 1886, p. 111-121).

— Die tironische Noten der Berner Handschrift 611 (*Deutsches Stenographenzeitung*, III, 1888, p. 360-367).

— S. Chrodegangi Metensis episcopi (742-766) regula canonicorum, aus dem Leidener codex Voss. lat. 94, mit

Umschrift der tironischen Noten (Beigefügt sind 17 Lichtdrucktafeln). Hannover, Hahn, 1889, 26 p. in-4°.

— Tironisches und Kryptographisches (*Neues Archiv der Gesellschaft für ältere deutsche Geschichtskunde*, XV, 1890, p. 197-198.)

Lecture de la souscription, en vers hexamètres, du ms. 444 de Laon, dont un fac-simile se trouve dans le *Catal. gén. des mss. des biblioth. des départements*, t. I (1849, in-4°), p. 234.

— Tironische Miscellen (*Ibid.*, p. 601-607).

I. Vom Himmel gefallene Briefe [d'après le Vat. Reg. 852, s. x].
II. Ein Trostbrief für die in den Krieg Ziehenden [d'après le Vat. Reg. 846, s. IX, fol. 103 verso.]

— Tironische Noten in einer Pariser Handschrift (*Gabelsberger Festschrift*, München, 1890, p. 116 sqq.)

Fragment de la Regula pastoralis de S. Grégoire (III, 12) d'après le fol. 69 verso du Paris. 10756, qui formait jadis un seul manuscrit avec le Bernensis 611.

— Notenschriftliches aus der Berner Handschrift (*Commentationes Wölfflinianae*, Leipzig, Teubner, 1891, in-8°, p. 9-13). Mit 2 Tafeln.

Déchiffrement des fol. 90 b et 91 a du Bernensis 611.

— Commentarii notarum tironianarum, cum prolegomenis, adnotationibus criticis et exegeticis notarumque indice alphabetico. Lips., Teubner, 1893, 117 p. et 132 tab. in-fol.

— Tironianum (*Mélanges Julien Havet*, 1895, in-8°, p. 77-80). Avec phototypie.

Fragment de S. Jérôme, contra Vigilantium, c. 14 (Patr. Lat. XXIII, 350) d'après le Paris. 10756, fol. 64 recto.

— Patristisches und Tironisches (*Wiener Studien*, t. XVII, 1895, p. 152-160. Mit 3 Lichtdrucktafeln.

Déchiffrement du Vat. Reg. 846, fol. 108r, 108v et 107r.

— Zwei Tironiana (*Festbuch zur 100j. Jubelfeier der deutschen Kurzschrift*. Berlin, 1896).

I. Ein biblisches Tironianum [Fragm. de l'évangile selon S. Luc, d'après le Paris. 17436.]
II. Ein medizinisches Tironianum [Lecture du Vat. Reg. 846, fol. 110 verso.]

— Miscellanea Tironiana. Aus dem codex Vaticanus lat. Reg. Christinae 846 (fol. 99-114). Leipz., Teubner, 1896, in-4°. 79 p. Mit 32 Tafeln in Lichtdruck.

SICKEL (Theodor von). Acta regum et imperatorum Karolinorum Wien, Gerold, 1867. [t. I, § 100, 101].
— Beiträge zur Diplomatik. VII, Wien, Gerold, 1879.

SILVESTRE (J. B.). Paléographie universelle, pl. CXXIII.

Fac-simile d'une page du Psautier en notes tironiennes, Bibl. nat. lat. 13160 (S. Germain 779, puis 661. 2) et d'une page des Commentarii, Bibl. nat. lat. 8799.

SYBEL (H. v.) u. SICKEL (Th. v.) Kaiserurkunden in Abbildungen. Berlin, 1881-1890. 11 livr. (361 pl.) in-fol. et 1 vol. texte in-4°.

Plus de 30 pl. contiennent des notes tironiennes.

TARDIF (Jules), Mémoire sur les notes tironiennes (*Mémoires présentés par divers savants à l'Acad. des inscr.*, 2e série, t. III, 1854, p. 104-171), in-4°.

VRIES (S. G. de). Commentatiuncula de C. Plinii Caecilii Secundi epistularum fragmento Vossiano notis tironianis descripto (*Exercitationes palaeographicae in Bibl. Universitatis Lugduno-Batavae*). Lugd. Bat., Brill, 1890, in-8°.
— De versibus Boetii in cod. Paris. 7925 servatis (*Syl-*

loge commentationum quam viro cl. Constantino Conto obtulerunt philologi Batavi. Leiden, Brill, 1893, in-8°).

WILD (Peter). Einiges über Tiro und die Tironischen Noten. [Progr.] Passau, 1870. 19 p. in-8° et 1 pl.

ZANGEMEISTER (Karl). Zur Geographie des römischen Galliens und Germanien nach den Tironischen Noten (*Neue Heidelberger Jahrbücher*, II, 1892, p. 1-36).

P. 31 sqq. l'auteur montre que les notes tironiennes employées pour exprimer d, e, f, h, k, l, p, q, r, s, v, z ressemblent beaucoup aux caractères correspondants de l'écriture cursive (cf. les planches du C. I. L., t. III et IV).

ZEIBIG (J. Woldemar). Geschichte und Literatur der Geschwindschreibekunst. 2e Auflage. Dresden, G. Dietze, 1878. 393 p. in-8° et 41 p. autogr.

NOTES TIRONIENNES

RÈGLES GÉNÉRALES

Une note tironienne se compose, ordinairement, de deux éléments, un RADICAL ou signe principal et une terminaison ou signe auxiliaire.

Le signe exprimant la TERMINAISON est plus petit que celui qui représente le radical. Ainsi dans

[illegible] (agros) [illegible] (corium) [illegible] (Roma) [illegible] (vita)

on reconnaît aisément les désinences <u>os</u>, <u>um</u>, <u>a</u>, <u>ta</u>.

Le RADICAL peut être exprimé :

1° par la lettre initiale seule,

2° par la syllabe initiale,

3° par plusieurs lettres entrant dans la composition du mot ;

4° par plusieurs lettres du mot placées dans un ordre différent.

Lorsque la note tironienne est formée simplement par un radical (sans signe accessoire), elle représente

Soit un mot indéclinable (adverbe, préposition, etc.),

soit un mot usuel (substantif, adjectif, participe) employé au nominatif,

soit un verbe usuel employé à la 3e personne du singulier de l'Indicatif présent.

On peut aussi se trouver en face d'un mot exprimé au moyen de syllabes. Il s'agit alors de tachygraphie syllabique, système employé souvent à l'époque carolingienne et dont il sera question plus loin.

Avant tout, il faut reconnaître les éléments constitutifs d'un radical, afin de pouvoir se servir du lexique tironien de Kopp (Palaeogr. critica, t. II) ou des Commentarii notarum tiron. de G. Schmitz. Ce dernier ouvrage est beaucoup plus exact, mais les recherches y sont plus longues parce que les mots y sont groupés non dans l'ordre alphabétique mais dans l'ordre traditionnel des manuscrits qui nous ont transmis l'explication des notes. Il vaut mieux chercher d'abord dans Kopp, puis vérifier dans Schmitz.

a	Λ h
b	3
c	c ɔ ∩ c
d	◁ ʃ ∂
e	ⱶ ċ 1 6
f	ǀ' ∧ ⌝ ⅃ ⅃ /
g	⟨ ϥ ϥ ∩
h	Ч ʒ Ӌ
i	ǀ — / \
k	K ⱡ ʳ
l	⊥ ⌣ ⱶ ⟨ L
m	ʌʌ ɥ ∼ 3 w
n	Z ɥ ∼
o	σ ? ω σ ρ
p	˥ ∟ ⌐ → /
q	q ⌝ c ?
r	q ρ ∼ ∼
s	ς ∽ ς
t	˥ 7 T
u	V U ✓
x	/
z	⅋
ch	X
ph	ʃ

Observations.

Presque toutes les lettres ont une forme double, l'une tirée de l'écriture capitale (Λ ⱶ σ V par exemple) qui sert à exprimer les initiales ; l'autre tirée de l'écriture courante (h 6 ? ∪) qui sert à la fois pour les lettres initiales et pour les terminaisons.

On n'a pas ajouté dans ce tableau une foule de caractères dérivés parce qu'ils expriment des syllabes. Par exemple les jambages séparés de la lettre a signifiant suivant l'inclinaison

ab \ ou ad, at /

et, quand le trait finit en pointe,

as \ ou am / .

Il en est de même pour les syllabes formées avec d'autres lettres. Il vaut donc mieux ne pas surcharger l'alphabet.

RADICAUX

Λ ou h = a	
Λ	A(lius)
Λ	A(lienus)
.h	A(ger)
h	A(nim)i
h	A(nim)am
·h	A(micus)
h	A(ud)it
h	A(troci)tas

\ = ab	
	Ab(neg)(at)
	Abj(ec)it
	Abj(ic)it
	Ab i(ngen)io

\ = abs ou as	
	Abs(ens)
	Abs(en)tia
	Ab(ces)sit
	As(per)

= ac	
	Ac(cus)at
	Ac(t)or
	Ac(col)a
	Ac(erri)mus
	Acta
	Ac(i)es

/ = ad et at	
	Adultus
	Adl(oc)at
	Adf(l)at
	Adq(uir)it
	Adq(uiesc)it
	Ad unum
	Adm(ov)et

= ag	
	Agger
	A(u)get
	A(e)ger

= al

Al(ta)ris

[Plus souvent ; exemple

Albus

Aliquis

A(posto)lus]

= am

Am(pl)um

Amat

Amor

Ambo

Am(abili)ter

= an

An(xi)us

Anus

Anceps

Anc(or)a

Anc(ill)a

= ap

Peu employé, plutôt

Ap(ril)is

Apis

= ar

Ars

Armentum

Arat

Ar(gu)it

Ar(tife)x

Arv(ern)us

---

as. Voy. abs

---

ax

a(u)x(ili)um

a(u)x(ilia)tor

Ajoutez :

Aeternum

B(asi)um
B(eat)us
B(rev)is
B(elfum
B(abyloni)cum

= ba
Ba(lb)us

= be
Be(llon)a

= bes
Bes(ti)a

= bi
Bi(b)it
Bi(tumen)

= bo
Bos
Bon(oni)a

= bu
But(yr)um
Bus(t)um

Cor
C(or)vus
C(eter)a
C(ertus)
C(ampus)
C(ivis)
C(ivi)tas
C(ur)a
C(ura)tor
C(omes)
C(omita)tur
C(ommea)tus

et < = ca
Ca(v)et
Ca(lam)us
Ca(u)tus

Ca(stus)
Ca(stri)a
Ca(sus)
Ca(s)a
Ca(l)c(itr)at
Ca(les)cit
Ca(n)det
Ca(n)dor
Ca(n)d(idus)
Ca(the)d(r)a
Ca(sti)gat
Ca(daver)
Cal(efac)it
Calx
Canit
Cap(tus)
Cap(a)x
Ca(rba)sum

2 = ce

C(a)ecus
C(a)e(ci)tas
C(a)e(sar) A(ugustus)

= ci

Cil(i)um

G = co

Co(nsili)um
Co(g)o
Coit
Co(pi)a
Co(hib)et
Co(gnome)n
Co(r)n(elius)
Co(rpule)n(s)
Co(art)at
Colit

= con

Con(mu)n(is)

Cons(tern)it

Conp(osu)it

Con(s)p(ex)it

Conp(ar)at

Corp(us)

Cor(ni)pes

---

cr

Cr(u)or

Cr(uen)tus

Cr(oc)um

= cu

Cutis

Cup(ressus)

C(r)ux

Cu(stod)it

C(r)udel(is)

C(r)u(s)

Delphicus

d(e)v(eh)it

= da

Da(mn)at

Da(mn)um

Dav(id)

= di

Di(c)it

Di(sced)it

Dies

Di(gn)a

Di(stin)g(u)it

Dil(ig)it

Di(scipu)l(us)

Di(utur)na

Di(scipli)na

Di(sse)rit

Dir(ig)it

= de	= du
Decet	Du(mo)sum
De(de)cus	D(iv)us
Dec(lar)at	Du(lc)is
Deus	Dux
De(rog)at	Du(c)e
De ca(stris)	
De pl(ebe)	= e
De r(egione)	E(quus)
De(l)et	E(duc)at
Dens	En(arr)at
De(b)et	E(vid)ens
= do	E(rr)or
Dom(n)o	E(m)it
Do(na)tio	Ebi(b)it
Do(as)um	Ec(clesi)a
Dos	E(gre)ditur
Do(ctri)na	E(van)g(e)lium
Do(lo)sus	Eas
	(A)evum
	(A)e(ol)us

= ec

Ed(oc)et
Ed(ic)it
Edit
Ed(a)x

= eg

Eg(regi)us
Eg(en)s
Eg(estuos)us
Elegans
El(o)g(i)um

= el

= em

Em(entitur)
Em(an)at
Em(inet)
Em(ancip)at
Em(itt)it

= en

En(ni)us

= ep

Ep(istol)a

= er

E(ques) R(omanus)

= es

Est(h)er

(1) = ex

Ex(cep)it
Ex(ter)
Ex(sul)
Ex(her)es
Exs(pect)at
Ex(or)nat
Exp(rim)it
Exp(r)o(br)at
Exo(r)s(us)

- F(elix)
- F(elici)tas
- F(acil)is
- F(erv)et
- F(erv)or
- F(emin)a
- F(rater)
- F(erre)um
- F(er)t
- F(in)is
- F(id)es
- F(ertil)is
- F(uri)a
- F(irm)um
- F(lagiti)um
- F(ug)it
- F(uga)x
- F(ug)a
- F(urt)um
- F(ac)it
- F(ac)ta

= fa

- Fa(m)es
- Fa(cess)it
- Fa(t)um
- Fab(er)
- Fabu(l)a
- Fab(ell)a
- Fama
- Fan(um)
- Fa(v)on(i)us
- Far(c)it
- Far(in)a

= fe

- Fe(l)
- Felis
- Fer(ia)e
- Fer(eti)um
- Fetus
- Festus
- Festivus
- Fe(r)ax

= fi

Ficus

Fi(s)c(ell)a

Fi(dicen)

Fi(st)(ul)a

Fi(l)um

Fi(lius)

Fieri

= fo

Fo(rtun)a

Fo(v)et

Fo(r)um

Fo(ss)a

Fo(rm)i(c)a

= fu

Fu(rc)a

Fu(nes)tus

Fu(n)us

Fu(lm)en

Fu(rci)fer

g(raecus)

g(ener)

g(enetivus)

g(radus)

g(eneral)is

g(rassat)or

g(ran)dis

glo(mus)

g(e)m(inus

= ga

ga(ius)

ga(ud)et

ga(rr)it

g(r)a(men)

gal(lus)

gal(e)a

g(l)a(dius)

ga(rru)lus

gal(b)a

	= ge
	ge(ns)
	ge(ntil)is
	ge(rmen)
	ge(ni)us
	ge(nia)lis
	ge(l)u
	ge(netri)x
	g(r)ex

	= gi
	gi(gn)it

	= go
	go(rgi)as
	go(go)t(h)a
	gom(or)ra
	g(l)o(bus)
	(Con)g(l)o(b)at
	(Cartha)go
	go(mna)s(ium) = gymnasium

	= gu
	gu(ttur)
	gu(s)tat
	gu(t)ta
	gut(tu)la
	g(l)utit

	H(omo)
	H(ost)is
	H(umus)
	H(ilar)is
	Ha(b)et
	Har(undo)
	H(e)b(es)
	H(er)es
	Ha(bi)lis
	H(er)c(ul)e
	H(abita)c(ul)um
	H(in)nit
	H(i)r(cus)
	H(i)r(canus)

Ho(r)a
Ho(n)or
Ho(nes)tus
Ho(rres)cit
Hor(r)or
Hor(r)et
Hor(tatur)
Hor(rend)us
Hugo

In, Senatu,
I(n) (oti)o
I(n) do(mo)
I(n) Ev(angelio)
I(n) (omnib)us
I(n) r(egione)
I(n) m(onte)
I(n) ex(ercitu)
I(n) p(arte)
I(n) p(ericulo)
I(n) (ju)r(e)

I(n) (homin)em
In it
In (ced)it
J(uven)is
J(uven)tus
In(sidi)as
J(acul)um
I(ter)
I(ngeni)um
I(mago)
Inc(ertus)
Inc(olu)mis
Inc(end)it
In (v)o(lucrum)
Ind(ic)it
Ind it
Ind(ign)ius
Ind(ex)
In(vi)d(us)
Ind(ustri)a
India

[symbol] et [symbol] = ig

Im(pi)ger
J(un)git
Ig(nav)us
I(n)g(ens)
Ig(n)is
Ig(narus)
Ig(nosc)it
Il(lustr)is
Il(luvi)es
I(ta)l(us)
Im(itatur)
Jum(ent)um
Im(mens)um
Im(minet)
Im(merens)
Im(mund)um
Im(mortalis)
Interit
Inter(cip)it
Inter(ced)it

Jo(rda)nes
Jo(han)nes
Jo(c)us
Jo(v)is
Idon(e)us
Imp(e)tus
Imp(ete)at
Imp(etra)vit
Imp(ed)it
Imp(eri)um
Im(p)r(udens)
Ir(a)
Ir(a)tus
Im(propr[us])
Irr(ig)at
Ins(cius)
Im(perio)s(us)
J(u)ssit
Insa(nus)
Insul(t)a

Ju(r)is
Ju(r)at
Jud(aeus)
Ju(stus)
Ju(stific)at
J(a)ctu(r)a

K(alendae)
K(alend)as
K(alend)is
K(alendas) D(ecembres)
Capito)l(ium)
Carus
Car(o)li
Car(ne)m

L(eg)o
L(itter)a
L(iber)
L(ib)et
L(icet)
L(iber)tas

L(atro)
L(eno)
L(ocus)
L(oquitur)
L(abor)
L(oquel)a
L(oquaci)tas
L(egitimus)
L(ens)
L(apis)
L(uxuri)a

> = la
La(ment)at
La(nce)a
La(x)at
La(que)us
La(ngu)or
La(tus)
La(tuscul)um

Lab(i)enus
Lav(ini)a
La(us)
La(utus)

= le

Lep(os)
Lep(idus)
Lenis
Len(tulus)
Len(tus)
L(a)e(ti(fi)cat

= li

Li(ber)
Li(v)et
Li(gn)um
Li(x)a
Li(tus)
Li(n)it
Li(vid)us
Li(vesc)it

= lo

Lo(ric)a
Lo(li)um
Lol(igo)
Lo(tar)ii

= lu

Lu(str)um
Lu(n)a
Luit
Lu(cr)um
Lu(m)b(ricus)
Lub(ric)um
Lu(gu)b(r)is
Lu(di)c(r)um
Lu(ri)d(us)
Lup(ercal)
Lup(us)
Lu(d)it
Lu(x)
Lu(c)tatur

M(ater)
M(aestus)
M(aer)or
M(ens)
M(edicus)
M(edicina)
M(atrimoni)um
M(atern)um
M(and)at
M(erx)
M(embr)um
M(odus)
M(ercat)or
M(aximus)
M(endicus)
M(aerens)
M(onstr)at
Mo(rb)um
M(an)et

M(an)u
M(are)

= ma

Ma(gnus)
Ma(j)or
Ma(jo)ra
Ma(jor) p(ars)
Ma(gnanim)is
Ma(n)es
Ma(gistratus)
Ma(jus)
Mac(er)
Mac(ul)a
Mac(i)es

= me

Mel
Mel(odia)
Me(ta)p(ont)um
Mem(mius)

ꟿ = mi	
[shorthand]	Mil(es)
[shorthand]	Mil(it)aris
[shorthand]	Min(turn)ae
[shorthand]	Mit(r)a
[shorthand]	Mi(no)t(aurus)
[shorthand]	Mi(m)u(s)

= mo	
[shorthand]	Mo(rs)
[shorthand]	Mo(rtu)us
[shorthand]	Mo(ll)is
[shorthand]	Motus
[shorthand]	Morsus
[shorthand]	Mo(r)d(a)x
[shorthand]	Mor(atur)
[shorthand]	Morum

= mu	
[shorthand]	Mu(nus)
[shorthand]	Mu(s)
[shorthand]	Mu(n)dum
[shorthand]	Mugit
[shorthand]	Mugitus
[shorthand]	Mu(nice)p(s)
[shorthand]	Mu(s)t(ela)

[shorthand]	Na(rr)at
[shorthand]	Na(rra)tio
[shorthand]	N(utr)it
[shorthand]	N(egoti)um
[shorthand]	N(euter)
[shorthand]	N(ovus)
[shorthand]	N(atura)
[shorthand]	N(atur)am
[shorthand]	N(oster)
[shorthand]	N(omen)
[shorthand]	N(ominat)iv.
[shorthand]	N(ominativ)us
[shorthand]	N(unti)us
[shorthand]	N(escio)
[shorthand]	N(u)tes

N(atus)
N(a)tio
N(efand)um
N(o)c(ens)
N(e)cat
N(efas)
N(esc)it

Z = na

Na(u)ta
Na(v)is
Na(h)um
Na(u)f(ragus)

Z = ne

Ne(mo)
Nec(t)it
Nec(tar)
Ne(cessitu)do
Negat
Nem(us)
Nen(i)a
Ne(g)o(tiator)
Nep(tunus)
Nepos
Nero
Ne(fa)rius

∾ = no

No(sc)it
No(v)i
No(nas) A(ugustas)
Noc(tu)a
No(l)o
No(do)s(us)
Nox

Z = nu

Nu(me)r(us)
Nur(us)
Nul(l)um
N ul(lo modo)
Nux

O(men)
O(rdo)
O(bediens)
O(berr)at
O(rdin)at
(T)ot
O(ti)um
O(stent)um
O(rb)is
O(ffici)is
O(ffici)um
O(riens)
O(ccidens)
O(rtus)
O(rbus)
O(ptimus)
O(rn)at
O(d)it
O(bscur)um

Oc(catio)

C et X = oc

Oc(tav)us
Oc(cid)it
Oc(cul)it
Oc(ean)um
O(pa)cum

G = og

O(ri)g(o)
O(r)g(an)um
O(na)g(er)
O(bjur)gat

L et 6 = ol

O(cu)l(us)
Ol(us)
Ol(e)um
Olor
Ol(e)o

= Om

O(b)m(utu)it

= On

On(us)

On(us)tus

On(era)tus

---

et = op

Op(er)it

Opes

Op(orter)

Op(inans)

Op(us)

Optat

Op(pid)um

Op(i)mus

Op(if(e))x

Op(inio)

Op(i)l(i)o

Op(itul)atur

Orat

Or(cus)

Or(estes)

T(otien)s

O(bse)s

O(b)s(idi)um

O(b)s(oni)um

Ov(idius)

O(rphe)u(s)

O(li)v(a)

Ov(il)e

O(rnatri)x

P(lebs)

P(raet)or

P(raecip)it

P(raesens)

P(rae) it

P(raeced)it

P(ectus)
P(ej)us
P(urpur)a

= Pa

Pa(ter)
Panis
Pa(r)it
Pa(r)tus
Pa(s)tor
Pal(us)
Pa(trimoni)um
Pa(lum)bes
Pag(us)
Pag(an)us
P(l)ato
P(l)at(e)a
P(r)ag(m)a

} pars

Par

= Pe

Pe(r)it
Pe(d)es
Penus
Pen(etr)at
Penes
Pe(ndet)
Ple(nus)
Pec(c)at

= Pi

P(r)i(mus)
P(r)i(m)a
P(r)i(m)um
P(r)ior
P(r)i(nceps)
P(r)ius
P(r)i(va)tus
P(r)i(ma) lu(ce)
P(l)i(c)at

= Po

Po(ti)tur

Po(ti)us

Po(tius) quam

Po(tissim)um

Po(en)a

Po(l)it

= Pos

Po(n)s

Po(llen)s

Po(s)se

Pos(trem)um

Postis

= Pro

Pro(tenu)s

Pro(tec)tione

Pro it

Pro(ced)it

Pro(dest)

Prole

Pro(scrib)it

Prop(arte)

Pro al(tera parte)

Pro c(ivitate)

Pro(hib)et

Pro(b)us

Pro(b)at

= Pu

Pu(er)

Pudor

Pud(ens)

Pudet

Pubes

Pu(ni)c(us)

Pu(bli)c(ol)a

Pu(lchritu)do

P(l)u(m)bum

Pul(mo)
Pul(t)us
Pul(pi)tum
Pulvis
Pluv(ial)is

---

q(uoni)am
q(ueritur)
q(uat)it
q(uaes)tio
q(uaesi)tus
q(uass)us
q(uerc)us
q(uere)la
q(ueru)lus
q(uadra)tus
q(uadr)at
q(uaest)or
q(uaestur)a
q(uie)s(c)it
q(uon)d(am)

q = qua

qua(tenu)s
qua(estus)
qua(dam)
qua(nam)
qua(nt)os
qua(nt)is
qua(lib)et
qua(ttuor vir)i
qua(tridu)um
qua(dru)p(le)x
qua(ttuor) m(ilia)

/ = quam

quam p(rimum)

---

quae(r)it
quae(s)o
quae(si)ta

---

q = qui

quies
qui(rit)es
qui(rinus)
qui(rinal)is
qui(nde)cim
qui(n)tus
Q. Tubero

? = quo

quo(modo)
quo(us)que
quo(dam)
quo(nam)
quoquo
quo(quo modo)

---

2 = quu

R(eg)it
R(ect)or
R(id)et
R(is)or
R(ip)a
R(ar)um
R(ar)o
R(aresc)it
R(e)l(i)gi
R(e)mi(tt)it
R(educ)it
R(e)qui(r)it
R(e)p(er)it
R(e)p(osu)it
R(es)p(ic)it
R(e)qui(esc)it
R(a)tio
R(apa)x
R(api)na
R(ui)na

R(a)m(us)
R(a)v(enn)a
R(om)a
R(omanus)
R(og)um
R(um)or

= Ra

Ra(d)it
Ra(nuncul)us
Ra(bios)us
Ra(bi)es

= Re

Rem
Rerum
Reus
Re(gi)o
Re(liquit)
Rac(us)at
Rem(ig)at
Re v(era)

Ren(ov)at
Ren(unti)at
Rev(eh)it
Rel(iqu)um
Re(gu)la
Rel(igi)o

et = Ri

Ri(x)a
Rin(o)c(eros

= Ru

Ru(d)is
Ruit
Ru(g)a
Rus
Ru(b)or
Ru(b)et
Ru(bri)ca
Ru(bi)g(o)

S(uper)	S(uperi)or
S(ive)	S(enatus)
S(aepe)	S(enat)or
S(aep)ius	S(idus)
S(in)e	S(ecu)rus
S(ermo)	S(urg)it
Siquidem	S(upinus)
S(uperbus)	S(ign)um
S(uperb)a	S(acer)dos
S(pect)at	S(u)des
S(ex)us	Siccum
S(crib)it	S(arcin)a
S(tabil)is	S(obri)us
S(ec)us	S(acer)
S(ecret)um	S(a)l(us)
S(t)at	S(a)l(v)us
S(t)are	S(a)l(ut)at
St(atim)	S(olus)
S(ine) c(ausa)	S(yl)l(ab)a
S(ine) p(ericulo)	S(tu)l(tus)

Spl(end)et	S(a)por
Spl(end)or	S(e)p(el)it
S(up)plet	S(e)p(ultur)a
Sp(ecia)lis	Sp(ati)um
Sp(ecu)lum	S(e)p(ar)at
S(ici)l(ia)	Sp(iri)tu
S(e)m(en)	Sp(ond)et
S(e)m(i)ta	S(tu)pet
Sp(eci)m(en)	S(tu)por
S(o)l(a)mentum	Sp(u)it
S(e)n(ex)	S(im)p(le)x
S(e)n(ec)tus	S(e)q(ua)x
S(atur)n(us)	S(e)r(enus)
S(a)ne	S(e)r(vul)us
S(cae)n(a)	S(e)r(vi)tus
S(pi)na	S(pe)rat
S(en)sit	S(e)r(eni)tas
Sentit	S(t)r(id)or
Sp(eci)es	S(e)rit

S(t)r(enu)us
S(te)r(il)is
S(e)r(i)es
S(pu)r(cus)
S(ti)r(ps)
S(usur)r(us)
S(par)git
S(atu)rat
S(c)r(i)p(tur)a
S(ang)uis
S(angui)s(ug)a
S(patio)s(us)
S(tudios)us
S(ubstanti)a
St(ru)it
S(al)tim
St(atu)it
S(ut)or
S(yrus)

S(urdus)
S(ubven)it
S(ubduc)it
St(atut)um
S(e)u
Su(avis)
Suit
S(e)vit

= Sa

Sa(x)um
Sa(uci)us
S(u)a(d)et
Sa(nus)
Sa(n)e
Sa(l)tat
Salit
Sal(ict)um
Sal(tat)or
Sa(ral)les
Sal(i)x

S(uperbi)a
S(ententi)a
S(uprascrip)ta

S = Se

Se(ptem)b(er)
Sep(ul)c(r)um
Se(de)o
Se(d)et
Sedes
Se(d) t(amen)
Se(di)tio
Se(pten)n(i)um
Se(mpro)nius
Se(ptemvi)ri

S = si

Sib(i)
Sib(il)l(a)
Si(gni)f(ic)at
Si(n)c(eri)tatem
Si(n)g(ul)a
Sig(n)um
Si(n)g(u)ltus
Si(n)g(i)l(lat)im
Sig(il)lum
Sig(il)l(a)vit
Sis(tr)um
Si(nistra)
Si(nister)
Sil(lab)a
Si(cu)l(us)
Sil(v)a
Sil(ves)ter
Sil(e)x
Sim(i)a
Sin(us)
Sil(e)n(us)
Si(na)pis

= So

So(rb)et
Soc(er)
So(m)n(us)
So(la)c(i)um
Sol
Solet
So(lsti)c(i)um
Soc(rat)is
Soc(cus)
So(dali)c(i)um
Sco(pul)um
So(cia)lis
Sol(e)a
Sol(i)um
Sol(ler)s
S(t)o(l)a
So(lle)m(n)is
So(ror)
So(ci)us

So(n)us
So(cors)
So(rs)
So(do)m(a)
So(s)pes
Sopit
Spo(nt)e
Spo(li)um
Spo(ns)us
Sopor
Sop(i)tus
Sor(d)ent

= Su

Su(scip)it
Su(b)it
Su(m)it
Su(bscrib)it
Su(bscrips)it
Su(ccurr)it
Su(bdia)co(nus)

Sucus
Su(c)ci(n)um
Su(c)ci(d)it
Suc(cend)it
Su(ppli)cat
Su(perva)c(u)um
Su(bsi)d(i)um
Suf(fragatur)
Su(bmi)g(r)at
Sul(c)at
Sup(ers)tes
Sup(pu)tat
Su(ccum)bit
Su(l)pur
Su(b)v(eh)it
Su(ff)lat

T(ribunus)
T(oll)it
T(rans)it
T(ex)it
T(ranscrips)it
T(esta)mentum
T(rans)
T(amen)
Et
Et quidem
T(err)a
T(ul)it
T(er)it
T(erren)um
T(erent)ius
T(og)a
T(aur)us
T(ub)a
Tandem
T(anqu)am
T(empus)
T(end)it
T(ento)rium
T(ur)b(idus)

T(ur)ba
T(i)bia
T(a)bes
T(i)b(er)is
T(i)b(r)is
T(olera)b(il)is
T(e)n(e)b(r)ae
T(ur)b(i)nes
T(ur)bo
T(uni)ca
T(e)c(t)um
T(a)cet
T(run)cus
T(i)cinum
T(a)c(iturn)um
T(e)cum
T(urpitu)do
T(epi)dum

T(r)o(a)des
T(ra)dit
T(r)id(ens)
T(rab)es
T(e)g(men)
T(e)git
T(an)git
T(ra)g(icus)
T(ur)get
T(ur)g(id)us
T(e)gula
T(e)nor
T(e)neat
T(e)n(a)x
T(em)p(l)um
T(em)p(er)at
T(em)p(eri)es
T(ur)pis

T(rium)p(h)us
T(ri)p(le)x
Tr(istis)
Tr(iumvir)
T(o)rmentum
Tr(ibu)it
T(a)r(ent)um
T(e)r(r)et
T(u)s(s)is
Tullius

I = ta

Ta(rdus)
Taxat
Ta(berna)cu(l)um
T(r)agu(la)
Tal(p)a
Ta(berna)
Ta(bernarius)
T(hr)ax

7 = te

Te(l)um
Te(mn)it
Te(mpes)tas
Te(st)is
Te(rminus)
Te(pef)a(c)it
Te(ne)d(us)
Te(m)p(esti)vum
Tepet
Tepor

┐ = ti

Ti(tus)
Ti(m)et
Ti(m)or
Ti(mid)us
Ti(ntinna)bu(l)um
Tin(e)a
Tir(o)

Tyr(us)
Tyr(ia)
Ti(a)ra
Ti(ber)ius

= to

To(n)at
To(ra)le
To(reu)m(a)
To(lo)sa
To(r)vum
T(h)o(ra)x
Totus
To(tus) (orb)is (terrarum)

= tu

Tu(ron)es
Tu(mul)us
Tu(m)or
Tu(m)et
Tu(mid)us
Tug(u)rium
Tur(tur)
Turdus

U(ter)
Uxor
U(ltr)o
V(in)cit
V(entri)c(ulus)
V(i)c(t)or
V(i)ctus
V(in)ctus
V(es)cit
U(nde)cim
V(a)cat
U(l)c(iscitur)
V(i)c(tri)x
V(i)d(u)a
V(en)dit
Ud(us)
U(n)dat

Urget
Vigor
V(ir)go
V(ir)g(inal)e
U(n)get
U(l)c(us)
U(r)c(eus)
V(i)gil
V(ecti)g(al)
U(n)gula
(h)u(manus)
(h)u(mani)tas
V(ol)o
V(o)lat
V(incu)lum
V(oca)lis
U(ti)l(i)tas
V(u)l(n)us
V(u)l(g)aris

V(ena)lis
V(ehe)m(ens)
Um(er)um
Umor
Um(id)um
V(icti)ma
V(ici)n(us)
V(en)eti
Vo(lunt)as
V(iat)or
V(olup)t(as)
V(ul)p(is)
V(e)r(on)a
V(i)s(us)
V(e)s(t)is
V(e)s(tigi)um
V(e)sa(nus)
V(iva)x
U(ltri)x

Ursus)
U(ter)um
U(nivers)us
U(r)it
U(ri)na
U(stri)na
U(t)(o)p(in)or

= Va

Vadum
Va(da)tur
Vacca
Valde
Valent
Val(l)um
Val(l)es
Val(idus)
Val(v)ae
Va(le)r(ius)
Var(r)o
Vas(tus)
Vastum
Va(dimon)ium

= Ve

Vetat
Vexat
Ve(h)it
V(i)en(n)a
Ven(um)
Ve(ri)tatem
Ve(nter)
Ve(rum)t(amen)
Ve(hicul)um
Ve(ra)x

= Vi

Vita
Vi(d)et
Vi(ndex)
Vi(ti)um

Vim
Vi(rit)im
Vi(ll)a
Vi(ctori)a
Vi(ndic)ta
Vi(cin)a
Vib(r)at
Vig(in)ti
Vi(ri)lis
Vi(de)l(ic)et
Vi(o)lat
Vi(tu)l(us)
Vim(en)
Vin(a)ria
Virtus
Vir(g)a
Vir(gul)a
Vir(gul)ta
Vi(ta)lis

= Vo

Vo(luntarius)
Vo(m)it
Vo(r)at
Vo(v)et
Vol(v)it
Vol(u)tat
Vo(ti)vum

= Vu

Vul(ner)at
Vul(tur)nus

Xenon
Xen(o)c(rates)
X(antip)p(us)
Xenium
X(ys)t(us)

	Z(el)at	X	(grec)
	Z(e)f(yrus)	X·	Ch(orus)
	Z(acha)r(i)as	X'	Ch(or)is
	Z(izan)ia	✱	Ch(oraul)es
	Z(o)na	'X	Ch(orag)ium
	Z(onu)la	·	que
	Z(e)non	··	quidem

Le radical peut exprimer un mot, sans le secours d'aucune terminaison, quand il s'agit d'expressions très employées et qui se reconnaissent facilement. On peut classer ces exceptions en trois catégories :

1° les mots invariables (adverbes, prépositions, conjonctions),

2° les nominatifs des mots usuels (substantifs ou adjectifs) qui reprendront une terminaison pour les cas obliques.

3° la troisième personne du singulier de certains verbes très usités (à l'indicatif présent).

ab
abs
absque
abunde
aut
autem
ac
ac velut
ac veluti
ad
adhuc
admodum
adeo
adeone
apud
atque
atque utinam
alibi
aliter
aliunde

aliubi
alicubi
an
bene
breviter

cum
cum præsertim
circum
circiter
coram
cis
ceu
contra
clam
continuo

de
deinceps
deinde
demum
donec

denuo
denique
dextrorsum
diu
diutissime
diutius
dum
et
etiam
etsi
etiamsi
etiamnum
etiamnunc
etiamne
en
eminus
enim
ergo
ex

forte
frustra
haud
haud longe
haud procul
hic
huc
in
jam
ibi
ideo
ideone
ibidem
inibi
inde
ità
ita ut
ità uti
itane
itaque

inter
interea
idcirco
istic
istac
istinc
istuc
igitur
illinc
illic
illac
illuc
longe lateque
late longeque
longe aliter
mox
quam mox
multum
magis
minus

ne
neu
nec
neque
nempe
nuper
nam
num
nisi
non
non aliter
nusquam
omnino
ocius
per
perperam
prae
praeter
praeterea
palam
procul

procul dubio
paene
passim
parum
plus
plusculum
plurimum
pro
prope
propius
proinde
propter
propterea
post
postea
postmodum
quod
quoque
quousque
quamobrem

qua de re
quapropter
quas ob res
quasi
quasi vero
quare
quando
quin
quin autem
quin etiam
quia
qualiter
quur (cur)
quibus rebus
quippe
quam
rursus
retrorsum
si
sub
sic

sicut
sicuti
sicubi
sic unde
subinde
sicque
simul
semel
sin
sin autem
sero
sinistrorsum
seorsum
sed ut
sed etiam
sed cum
sed si
sat
satis
subito
subter

INVARIABLES

supra	ut	vel
sursum	utique	velut
scilicet	utcumque	veluti
	utpote	utinam
tum	ut supra	ubinam
tunc	ubi	vix
tantocius	usquam	vero
tantummodo	uti solet	unde
temere	usque	unquam

NOMINATIFS USUELS

alius	arma	brevis
alea	armentum	bellus
aequum	armamentarius	bellum
aliud	armamentum	bellicosus
aliud quam	armiger	bonus
aliud vero	annus	bona opinio
arbor	agrestis	cepe
arbuscula	aequalis	contagium
adeps	antiquum	communis

cornu
corpus
corporalis
corpusculum
Chyron
conservus
circulus
Caesar
cursor
calumnia
centumviri

delubrum
Delphus
dos
dolus malus
dirum

fel
forum
fessus

graecus
gloria
(h)aedus
hora
Hercules
humilis
heres relictus
hereditarius
innocens
ira
idus
innarrabilis
inmaturus
inops
iracundia
insidiosus
insolens
iniquum
longus
longum

lis
lampas
(Kalendas)
majestas
maturus
noster
necessitudo
nullus
opus
potestas
pinguis
pinguissimus
praemium
prohemium
parsimonia
quantus
quaestus
rebellis
rationabilis

NOMINATIFS USUELS

ratiocinium	supremus	venum
rationator	spes	uber
regressus	osculum	uncus
suggressus	Eros	utilis
similis	verus	umerus
dissimilis	una	unigenitus
servus	vir	vox
simulacrum	vir bonus	ullus

VERBES USUELS

allectat
delectat
oblectat

negat
abnegat
denegat
nec negat
non negat
conatur
comminatur

oportet
non oportet

eminet
imminet
prominet
supereminet

torpet
intorpet
obtorpet

tenet
abstinet
adtinet
continet
detinet
retinet
pertinet
protinet
sustinet
obtinet
circumtenet

pendet
pependit

fatetur
confitetur
defitetur
profitetur
fassus
confessus
defessus
professus

ducit
educit
abducit
adducit
conducit
inducit
introducit
perducit
producit

ponit
apponit
adponit
componit
deponit
disponit
exponit
imponit
interponit
proponit
praeponit
reponit
supponit
obponit

vertit
evertit
advertit
convertit
devertit
divertit

revertit
subvertit

vergit
evergit
invergit

obticuit
obticescit
conticuit
conticescit
reticuit
reticescit

pendit
impendit
compendit
dispendit

irascitur

proficiscitur

utitur
abutitur
usus
abusus
usitatum
inusitatum
usurpat
usu peritus

fungitur
functus

defungitur
defunctus
perfungitur
perfunctus

latum
allatum
ablatum
adlatum
conlatum

delatum
prolatum
praelatum
relatum
sublatum
translatum
oblatum

TERMINAISONS

1° Commençant par une voyelle.

a	e	i	o	u
am	em	im		um
an	en	in	on	un
ant	ent	int	ont	unt
ar	er		or	
as	es	is	os	us
at	et	it		ut
arum			orum	
amus	emus	imus		
atis	etis	itis		
amur	emur	imur		
amini	emini	imini		
amino	emino	imino		
atur	etur	itur		
antur	entur			untur
aris	eris	iris		
are	ere	ire		
ari	eri	iri		

TERMINAISONS

abitur
abus
aculo
ale
atis
atos
atu
aremur
anciam
anciore
ancium
ancius
anda
andae
andam
andas
ande
andi
ando
andos

andum
andus
ante
antes
anter
anti
antia
antiam
antiae
antibus
antium
antis
antissimi
asse
assem
assent
asses
asti
astis

atis
atos
atu
ans
antem
anties
anus
anius

eam
eas
eat
ebam
ebant
ecunque
ee
encium
encius
enda
endam

endas
ende
endi
endis
endo
endos
endum
endus
ens
entem
ente
enti
entis
enter
entiam
enties
entes
entialiter

entibus
entium
entum
eo
erint
eris
erit
erno
ero
erum
erunt
essendam
eunt
entia
entiae
enus
enius
ete

ia
ie
iendi
iens
ierunt
ii
ior
iori
ioris
iorum
ioribus
iore
iores
iorem
iarum
ium
iis
iit

TERMINAISONS

ies	...i potest	ua
inus	...i potuit	ualiter
inius	...i non potest	ualiter
iesi	...i non potuit	uam
isse	...i debet	uas
issem	...i debuit	ue
	...i non debet	ue
issemus	...i non debuit	uerat
issemus		uere
issent	onem	uerimus
isses	ore	uerint
isses	ores	uerint
isset	ori	ueris
issetis	oris	uerit
issima	orem	uerit
issimo	orum	uerunt
ito	oribus	ui
ius	ora	uimus
ius	osa	uis
...i solet	onus	uisse
...i non solet	onius	uissent

v/s	uisset	∽	undum	vℓ	uorum
vẏ	uisti	∽	undo	v∩	uos
v/7	uisti	∽	undos	vr	ur
v/	uit	∽	unte	v∫	uta
∽	undi	∽	untes	∽	uum
∽	undis	v7	untem	v\	uum
∽	undibus	v?	uo	v9	uus

2° commençant par une consonne, mais exprimées au moyen d'une voyelle (h = a, | = i, ? = o) ou d'une syllabe (\ = um, / = am, / = is, ∩ = os, ℓ = orum, < = arum, 9 = us, ∽ = bus), à laquelle un point ou une barre (la lettre ℓ ou t) donne un sens spécial.

˙h	bunda	˙|	bundi	˙\	bundum
ḣ	ria	|˙	rii	\\˙	rium
[ḣ	riale]	|			
h.	menta	|.	menti	\\.	mentum
ħ	triccia	†	tricii	⨯	tricium
ħ	bilia	+	bilii	⨯	bilium
ħ	lia	+	lii	⨯	lium

bundam	bundis	bundibus
riam	riis	ribus
mentam	mentis	mentibus
triciam	triciis	tricibus
biliam	biliis	bilibus
liam	liis	libus

bundus		bundos
rius	rio	rios
	mento	mentos
lius	lio	lios

bundorum	bundarum
riorum	riarum
mentorum	mentarum
	tiarum

On trouve de même rias (formé de la terminaison = as), bundas, etc.

3° Commençant par une consonne.

bat	bile	ca
bant	bilem	cam
bar	biles	cano
bam	biliter	catu
ba	bitis	ce
babor		ces
bas	bitur	ci
bamus	bimur	cis
batis	bimini	cia
batur	bubus	ciam
bamur	bos	ciat
bantur	borum	cie
bamini	barum	ciendum
bare	bor	cies
baris	bo	cii
bere	bunt	ciis
beris	buntur	cior
bi	bit	ciores
bis	bimus	cite

citior
cium
cius
co
cos
corum
carum
cus
cunque

---

da
de
deam
dere
di
dis
diam
dibus
dide
die

dii
dine
dinem
dines
dio
dite
ditui
dituri
do
dos
dus
dam
dum

---

la
le
li
lo
los
lus

linis
lius

---

me
men
mi
mis
mes
mibus
mini
morum
marum
mus
mam
mum

---

na
nas
nariis
narius

narum
nasti
ne
nes
ni
nis
nia
niam
nie
niet
nio
nium
nibus
nus

ra
racissimum
rati
ratis

raturam
re
...re solet
...re non solet
...re potest
...re potuit
...re non potest
...re non potuit
...re debet
...re debuit
...re non debet
...re non debuit
rem
ret
rent
res
remus
remini
reris
runt

ribannum
rie
rio
riti
ro
roram
rat
ram
ramus
ratis
ri
rier
rimus
ritis
runt
rint
rentur
rit
rim
ras

retis
retur
remini
remur
rorum
rarum

sa
se
set
sent
ses
sem
semus
si
sia
simas
simi
simis

simo
simum
simus
sitis
sti
stis
sium
sio
sione
siones
sionum
sioni
sionis
sionibus
sioro
siores
so
sos
sus

sorum
sarum

ta
tare
tario
tata
tatam
tate
tates
tatem
tati
tatis
tatus
taticum
tatores
tatum
tam
tat

tas
tatum
te
ter
tet
ti
tia
tiam
tias
tibor
tibus
ticum
tie
titibus
tio
tione
tiones
tionum

tioni
tionis
tionem
tionibus
tiorum
tis
tissa
tissime
titas
titi
tium
tor
tori
toris
tore
tores
torem

torum
toribus
torie
tibus
to
tose
tu
tute
tus
torum
tarum
tuarium
tudo
tulus
tura
turi
turum
tuti

tutis
tuum
tum
va
vas
vam
veram
veramus
veratis
ve
ves
verim
verimus

veritis
verit
vere
veris
vi
vit
vis
visset
vissent
visses
vissem
vissemus

vissetis
visti
vistis
vero
veras
verat
verant
verint
verunt
vorum
varum
vo
vos
vus

GRAMMAIRE

I. NOMS ET ADJECTIFS

1re déclinaison

Silva, Silvae, silvam, silvas, silvarum, silvis

Aeneas, Aenea, Aeneae, Aenean et Aeneam

2e déclinaison

Dominus, domine, domini, dominum, domino

dominorum, dominis, dominos.

Vir, Viri, virum, viro, viros, virorum, viris.

Puer, pueri, puerum, puero, pueros, puerorum, pueris.

Filius, fili, filii, filium, filio, filios, filiorum, filiis.

Templum, templi, templo, templa, templorum, templis.

3e déclinaison

consul	sacerdos	successor
consulis	sacerdotis	successoris
consuli	– ti	– ori
consulem	– tem	– orem
consule	– te	– ore
consules	– tes	– ores
consulum	– tum	– orum
consulibus	– tibus	– oribus

mater	soror	ignis
matris	sororis	ignis
– i	– i	– i
– em	– em	– em
– e	– e	– e
– es	– es	– es
– um	– um	– ium
– ibus	– ibus	– ibus

N.B. La terminaison s'exprime souvent d'une manière plus complète, par exemple = consule, = sacerdotum, = sororem, = ignibus, etc.

Rex				Bos
et par confusion		Regis		Bovis
" "		Regi		Bovi
" "		Regem		Bovem
" "		Rege		Bove
" "		Reges		Boves
" "		Regum		Boum
" "		Regibus		Bobus

[f]acilis, facile, facili, facilem, faciles, facilium, facilibus, facilia.

NEUTRES

Nomen	Tempus	Mare
Nominis	Temporis	Maris
Nomini	Tempori	Mari
Nomine	Tempore	Mari
Nomina	Tempora	Maria
Nominum	Temporum	Marium
Nominibus	Temporibus	Maribus

4e déclinaison

	Manus		Casus		Genu
	Manus (gén.) (et nom. pl.)		Casus		
	Manui		Casui		
	Manum		Casum		
	Manu		Casu		(Pluriel) genua
	Manuum		Casuum		genuum
	Manibus		Casibus		genibus

5e déclinaison

	Dies		Res		Facies
	Diei		Rei		Faciei
	Diem		Rem		Faciem
ou	Die		Re		Facie
	Dierum		Rerum		Facierum
	Diebus		Rebus		Faciebus

REMARQUE SUR LES TERMINAISONS

Dans certains cas les scribes soudent la terminaison au radical, de sorte qu'elle n'a plus d'existence indépendante. Ainsi on trouve :

mensis, menses
kalendas, kalendarum
kalendis, nonae
nonas, nonis
multa, multis
pusillum, usitatum
compendium
necessitatem, necessitates

Le point qui accompagne un radical au nominatif, par exemple dans militia, miseria, tristitia, junctura, mensor, indique la place qu'occuperont les terminaisons aux cas obliques.

II. COMPARATIFS et SUPERLATIFS.

Carior	Facilior	Melior
Carioris	-oris	-oris
Cariori	-ori	-ori
Cariorem	-orem	-orem
Cariore	-ore	-ore
Cariores	-ores	-ores
Cariorum	-orum	-orum
Carioribus	-oribus	-oribus
Cariora	-ora	-ora
Carius	Facilius	Melius

Pejor	Major	Minor
Pejoris	Majoris	Minoris
Pejori	Majori	Minori
Pejorem etc.	Majorem etc.	Minorem etc.
Pejus	Majus	Minus

Prior	Interior	Citerior	Ulterior
Potior	Exterior	Deterior	Nequior
Posterior	(malgré = Exter)		

(Plus) Plures.

Justissimus	Facillimus	Optimus
-ma	-ma	-ma
-mum	-mum	-mum
-mi	-mi	-mi
-mo	-mo	-mo
-mae	-mae	-mae
-me	-me	-me
-mam	-mam	-mam
-morum	-morum	-morum
-marum	-marum	-marum
-mos	-mos	-mos
-mas	-mas	-mas
-mis	-mis	-mis

De même :

Pessimus, Minimus, Maximus.

Proximus, Plurimum,

Ultimus, Novissimus,

Intimus.

ego, mei, mihi, me, nos, nostrum, nobis

tu, tui, tibi, te, vos, vestrum, vobis

sui, sibi, se

meus, mea, meum, mei, meae, meo, meam, meis,

meos, meas, meorum, mearum, mi.

tuus, tua, tuum, tuae, tuo, tuam, tuis, tuos, tuas, etc.

suus, sua, suum, suo, suae, suam, sui, suos, suas, suis, etc.

noster, nostra, nostrum, nostri, nostrae, nostro,

nostram, nostros, nostras, nostris, nostrorum, nostrarum.

vester, vestra, vestrum, vestri, vestrae, vestro,

vestram, vestros, vestras, vestris, vestrorum, vestrarum.

ipse, ipsa, ipsum, ipsius, ipsi, ipso, ipsae, ipsam, ipsos,

ipsas, ipsis, ipsorum, ipsarum.

ille, illa, illud, illius, illi, illum, illam, illo, illae, illos,

illas, illorum, illarum, illis.

iste, ista, istud, istius, isti, istum, istam, isto, istae,

istos, istas, istis, istorum, istarum.

is, ea, id, ejus, ei, eum, eam, eo, ii, eae,

eis, iis, eos, eas, eorum, earum.

idem, eadem, ejusdem, eidem, eundem, eandem,

eodem, iidem, eaedem, eorumdem, earumdem,

eosdem, easdem, eisdem. — ejusmodi, ejusdemmodi.

hic, haec, hoc, hujus, huic, hunc, hanc, hac ;

hi, hae, horum, harum, his, hos, has.

quis, quae, quod, cujus, cui, quem, quam, quo,

qua, quid, quorum, quarum, quos, quas, quibus.

= qui

quidam, cujusdam, cuidam, quemdam, quamdam,

quoddam, quiddam, quodam, quadam, quaedam,

quosdam, quasdam, quorundam, quarundam, quibusdam.

quicunque, quaecunque, quodcunque, cujuscunque,

cuicunque, quemcunque, quamcunque, quocunque, quacunque

quibuscunque.

quinam, quisnam, quaenam, cujusnam, cuinam,

quemnam, quamnam, quodnam, quidnam, quonam,

quanam.

quispiam, quaepiam, quodpiam, quippiam, quempiam,

quampiam, quopiam, quapiam, cujuspiam, cuipiam,

quibuspiam.

quisquam, quemquam, quicquam.

quisquis, quicquid, quoquo.

quidvis, quamvis.

quodque.

qualiber, quibuslibet.

duo, duos, duas, duobus, duabus, duorum, duarum.

IV. VERBES

1° Verbe substantif : ESSE

INDICATIF. Présent :

sum, es, est, sumus, estis, sunt

Imparfait :

eram, eras, erat, eramus, eratis, erant.

Parfait :

fui, fuisti, fuit, fuimus, fuistis, fuerunt.

Plus-que-parfait :

fueram, fueras, fuerat, fueramus, fueratis, fuerant.

Futur :

ero, eris, erit, erimus, eritis, erunt.

Futur antérieur :

fuero, fueris, fuerit, fuerimus, fueritis, fuerint.

IMPÉRATIF :

es, esto, esto, estote, sunto.

SUBJONCTIF.

Présent :

sim, sis, sit, simus, sitis, sint.

Imparfait :

essem, esses, esset, essemus, essetis, essent.

Parfait :

fuerim, fueris, fuerit, fuerimus, fueritis, fuerint.

Plus-que-parfait :

fuissem, fuisses, fuisset, fuissemus, fuissetis, fuissent.

INFINITIF.

esse, fuisse

PARTICIPE futur :

futurus, futura, futurum, futuris, futuros, futuras.

2° Verbe POSSE

INDICATIF. Présent :

possum, potes, potest, possumus, potestis, possunt.

Parfait :

potui, potuisti, potuit, potuimus, potuistis, potuerunt.

Plus-que-parfait :

potueram, -eras, -erat, -eramus, -eratis, -erant.

SUBJONCTIF. Présent :

Possim, possis, possit, possimus, possitis, possint

Imparfait :

Possem, posses, posset, possemus, possetis, possent

Parfait :

Potuerim, -eris, -erit, -erimus, -eritis, -erint.

Plus-que-parfait :

Potuissem, -ses, -set, -semus, -setis, -sent.

INFINITIF : Posse, potuisse.

PARTICIPE : ou = Potens.

3° Autres composés du verbe ESSE.

Prodes, prodest, prodestis ; prodesto, prodestote ;

Prodessem, -esset, -essetis, -essent. Profuit, profuturum.

Desum, desumus, desunt. Defuit

Desim, desis, desit, desimus, desitis, desint.

Afuit, adfuit, interfuit, praefuit.

4° Voix active

INDICATIF – Présent :

amo	moneo	lego	audio
-as	-es	-is	-is
-at	-et	-it	-it
-amus	-emus	-imus	-imus
-atis	-etis	-igit	-itis
-ant	-ent	-unt	-iunt

Imparfait

amabam	monebam	legebam	audiebam
-bas	-bas	-bas	-bas
-bat	-bat	-bat	-bat
-bamus	-bamus	-bamus	-bamus
-batis	-batis	-batis	-batis
-bant	-bant	-bant	-bant

Parfait

amavi | monui | legi | audivi

amavisti	monuisti	legisti	audivisti
-vit	-uit	legit	-vit
-vimus	-uimus	-imus	-vimus
-vistis	-uistis	-istis	-vistis
-verunt	-uerunt	-erunt	-verunt

Plus-que-parfait

amaveram	monueram	legeram	audiveram
-ras	-ras	-ras	-ras
-rat	-rat	-rat	-rat
-ramus	-ramus	-ramus	-ramus
-ratis	-ratis	-ratis	-ratis
-rant	-rant	-rant	-rant

Futur

amabo	monebo	legam	audiam
-bis	-bis	-es	-es
-bit	-bit	-et	-et
-bimus	-bimus	-emus	-emus
-bitis	-bitis	-etis	-etis
-bunt	-bunt	-ent	-ent

Futur antérieur

amavero	monuero	legero	audivero
-ris	-ris	-ris	-ris
-rit	-rit	-rit	-rit
-rimus	-rimus	-rimus	-rimus
-ritis	-ritis	-ritis	-ritis
-rint	-rint	-rint	-rint

SUBJONCTIF. Présent

amem	moneam	legam	audiam
-es	-as	-as	-as
-et	-at	-at	-at
-emus	-amus	-amus	-amus
-etis	-atis	-atis	-atis
-ent	-ant	-ant	-ant

Imparfait

amarem	monerem	legerem	audirem
-res	-res	-res	-res
-ret	-ret	-ret	-ret
-remus	-remus	-remus	-remus
-retis	-retis	-retis	-retis
-rent	-rent	-rent	-rent

Parfait

amaverim	monuerim	legerim	audiverim
-veris	-ueris	-ris	-veris
-verit	-uerit	-rit	-verit
-verimus	-uerimus	-rimus	-verimus
-veritis	-ueritis	-ritis	-veritis
-verint	-uerint	-rint	-verint

Plus-que-parfait

amavissem	monuissem	legissem	audivissem
-visses	-ses	-ses	-ses
-visset	-set	-set	-set
-vissemus	-semus	-semus	-semus
-vissetis	-setis	-setis	-setis
-vissent	-sent	-sent	-sent

IMPÉRATIF

ama	mone	lege	audi
amate	monete	legite	audite
amato	moneto	legito	audito
amatote	-netote	legitote	auditote
amanto	-nento	legunto	audiunto

INFINITIF

amare	monere	legere	audire
amavisse	monuisse	legisse	audiisse

PARTICIPE. Présent.

amans	monens	legens	audiens
-antis	-entis	-entis	-entis
-anti	-enti	-enti	-enti
-antem	-entem	-entem	-entem
-ante	-ente	-ente	-ente
-antes	-entes	-entes	-entes
-antum	-entum	-entum	-entum
-antium	-entium	-entium	-entium
-antibus	-entibus	-entibus	-entibus

Futur.

amaturus	moniturus	lecturus	auditurus
-ra	-ra	-ra	-ra
-rum	-rum	-rum	-rum
-ri	-ri	-ri	-ri
-ros	-ros	-ros	-ros
-rorum	-rorum	-rorum	-rorum
-rarum	-rarum	-rarum	-rarum

5° Voix passive

INDICATIF. Présent.

amor	moneor	legor	audior
-aris	-eris	-eris	-iris
-atur	-etur	-itur	-itur
-amur	-emur	-imur	-imur
-amini	-emini	-imini	-imini
-antur	-entur	-untur	-iuntur

Imparfait

amabar	monebar	legebar	audiebar
-baris	-baris	-baris	-baris
-batur	-batur	-batur	-batur
-bamur	-bamur	-bamur	-bamur
-bamini	-bamini	-bamini	-bamini
-bantur	-bantur	-bantur	-bantur

Parfait

amatus sum	monitus sum	lectus sum	auditus sum
-ti sumus	-ti sumus	-ti sumus	-ti sumus

Plus-que-parfait

-tus eram	-tus eram	-tus eram	-tus eram

Futur

amabor	monebor	legar	audiar
-beris	-beris	-eris	-eris
-bere	-bere	-ere	-ere
-bitur	-bitur	-etur	-etur
-bimur	-bimur	-emur	-emur
-bimini	-bimini	-emini	-emini
-buntur	-buntur	-entur	-entur

SUBJONCTIF. Présent.

amer	monear	legar	audiar
-eris	-aris	-aris	-aris
-etur	-atur	-atur	-atur
-emur	-amur	-amur	-amur
-emini	-amini	-amini	-amini
-entur	-antur	-antur	-antur

Imparfait.

amarer	monerer	legerer	audirer
-reris	-reris	-reris	-reris
-retur	-retur	-retur	-retur
-remur	-remur	-remur	-remur
-remini	-remini	-remini	-remini
-rentur	-rentur	-rentur	-rentur

IMPÉRATIF

amator	monetor	legitor	auditor
-aminor	eminor	-iminor	-iminor
-antor	-entor	-untor	-untor

INFINITIF

amari	moneri	legi	audiri

PARTICIPE - Passé

amatus	monitus	lectus	auditus
-ta	-ta	-ta	-ta
-tum	-tum	-tum	-tum
-ti	-ti	-ti	-ti
-tae	-tae	-tae	-tae
-to	-to	-to	-to
-tam	-tam	-tam	-tam
-torum	-torum	-torum	-torum
-tarum	-tarum	-tarum	-tarum
-tos	-tos	-tos	-tos
-tas	-tas	-tas	-tas
-tis	-tis	-tis	-tis

Futur

amandus	monendus	legendus	audiendus
-da	-da	-da	-das
-dum	-dum	-dum	-dum
-di	-di	-di	-di
-dae	-dae	-dae	-dae
-do	-do	-do	-do
-dam	-dam	-dam	-dam
-dorum	-dorum	-dorum	-dorum
-darum	-darum	-da[illegible]	-darum
-dos	-dos	-dos	-dos
-das	-das	-das	-das
-dis	-dis	-dis	-dis

N.B. On trouve aussi , , , (sans que la syllabe <u>an</u> ou <u>en</u> précède les terminaisons <u>dus</u>, <u>da</u>, <u>dum</u>, etc.).

6° Verbe VELLE

Velo (ou), vis, vult, volumus, vultis, volunt

volui, voluit, voluerit (ou), voluerint ; velle.

Remarque sur les parfaits.

Dans la plupart des verbes, la terminaison change de place au parfait (et temps dérivés), à moins que le radical ne soit modifié lui-même.

Ainsi stare fera stat, stetit

jubere	jubet,	jussit
sedere	sedet,	sedit
suadere	suadet,	suasit
haerere	haeret,	haesit
adhaerere	adhaeret,	adhaesit
ardere	ardet,	arsit
carpere	carpit,	carpsit
mergere	mergit,	mersit
jungere	jungit,	junxit
vincere	vincit,	vincxit
fluere	fluit,	fluxit
fallere	fallit,	fefellit
regere	regit,	rexit
discere	discit,	didicit

Scindere fera ~ – scindit, – ~ scidit
stringere ~ stringit, – ~ strinxit
spargere ~ spargit, – ~ sparsit
sternere ~ sternit, – ~ stravit
rumpere ~ rumpit, – ~ rupit
erumpere ~ erumpit, – ~ erupit
ludere ~ ludit, ~ lusit
rapere ~ rapit, ~ rapuit
noscere ~ noscit, ~ novit
agnoscere ~ agnoscit, ~ agnovit
ignoscere ~ ignoscit, ~ ignovit
vivere ~ vivit, ~ vixit (1)
tinguere ~ tinguit, ~ tinxit
extinguere ~ extinguit, ~ extinxit

[Dans ces 3 derniers exemples, la lettre x est exprimée par la place de la désinence.]

Le radical est modifié dans les suivants :

~ percutit, ~ percussit
~ claudit, ~ clausit
~ recludit, ~ reclusit

(1) On trouve aussi ~ = vixit.

excludit , exclusit

increbrescit , increbuit

invalescit , invaluit

convalescit , convaluit

Les verbes en sco et quelques autres marquent le présent à gauche et le parfait à droite :

concupiscit , concupivit

premit , pressit

comprimit , compressit

reprimit , repressit

innotescit , innotuit

Cependant la règle générale est appliquée dans :

crescit , crevit

decrescit , decrevit

excrescit , excrevit

Les composés de facio se conforment à leur modèle quand ils sont formés avec un adverbe :

Comme facit , fecit

on a satisfacit, satisfecit

benefacit, benefecit

Mais dans la plupart des cas, la différence entre le présent, le parfait et même le supin est très faible et crée une réelle difficulté. Ainsi

adsuefacit, adsuefecit, adsuefactum
calefacit, calefecit, calefactum
communefacit, communefecit, communefactum
labefacit, labefecit, labefactum
obstupefacit, obstupefecit, obstupefactum
patefacit, patefecit, patefactum
madefacit, madefecit, madefactum

Enfin il faut remarquer l'originalité des parfaits suivants :

linquit, liquit
relinquit, reliquit
delinquit, deliquit
derelinquit, dereliquit

V. ADVERBES

Les adverbes se forment régulièrement par l'apposition de la syllabe finale (e, me, ter, etc.) à la place même occupée par les désinences des substantifs ou adjectifs:

De longus est formé longe

proximus " proxime
ou (1)

turmae " turmatim

nomen " nominatim

virilis " viriliter (2)

supervacuum " supervacue (3)

iniquum " inique (4)

sapiens " sapienter
ou (5)

verax " veraciter

firmum " firmiter

multiplex " multipliciter

---

(1) Psautier de Wolfenbüttel, f. 35, 3.

(2) Ibid., 21, 1.

(3) Ibid., 19, 7 ; 28 v°, 8.

(4) Ibid., 34, 2.

(5) Ibid., 42 v°, 9. Dans ce ms. du reste on constate le souci perpétuel de rendre plus facile la lecture des terminaisons.

Mais les écrivains des manuscrits carolingiens se sont trouvés embarrassés quand le lexique tironien n'indiquait pas la place de la désinence, par exemple du mot [sign] similis

on a tiré [sign] dans le Psautier de Wolfenbüttel

et [sign] (similiter) dans le Vat. Reg. 846, fol 110 [Schmitz, Misc. tab. 23, col. 2, 8].

D'autres fois on constate qu'ils ont employé, pour se diriger, un exemplaire fautif ; par exemple

[sign] diversus indique clairement par un point la place de la désinence ; cependant le ms. de Berlin 1888 (olim S. J., Meermann, Phillipps) offre un exemple de

[sign] diverse [cf. Meyer, Sitz. Ak Berlin, 1890, Taf. III, l. 2], lequel n'est pas isolé, puisque le ms. de Paris. 2718 qui contient les formules publiées par Carpentier, puis par Schmitz, fournit un exemple analogue :

[sign] diverso [Cf. Kopp, I, § 361]

VI. PRÉPOSITIONS

Les prépositions, exprimées souvent par un simple radical sans terminaison, sont faciles à reconnaître en général. Mais elles deviennent une réelle difficulté quand elles sont soudées avec le mot suivant. Dans ce cas cependant on en vient à bout en observant que la place de la terminaison est constante, aussi bien dans les prépositions liées que dans les noms eux-mêmes. Par exemple dans [illegible] (ante obitum), [illegible] (post obitum) le sigle du mot obitum occupe la place du point de [illegible] (ante), [illegible] (post). On distingue de même [illegible] (in causa) de [illegible] (in civitate) en se rappelant que [illegible] (causa) porte la terminaison à droite, et [illegible] (civitas) à gauche. Quelquefois, dans [illegible] (in nomine) par exemple, c'est une simple soudure amenée par la rapidité de l'écriture. Les signes les plus difficiles à reconnaître sont ceux où la lettre I est déformée par une boucle, p. ex. [illegible] (in deserto), [illegible] (in lege) [illegible] (in loco), [illegible] (in providentia) etc., mais ils sont peu nombreux.

La liste suivante contient non seulement les prépositions liées qui se trouvent dans les lexiques tironiens, mais encore celles qui ont été forgées par les copistes carolingiens et qu'on rencontre soit dans le Psautier de Wolfenbutel, soit dans le Paris. 2718 (Formules et capitulaires de Louis le pieux), soit dans la Regula de Chrodegang (Voss. Lat. 94), soit dans le Vat. Reg. 846, etc.

a facie (deux signes)
a nobis
a vobis
ab adolescentia
ab alto
ab his
ab ingenio
ab initio
ab initio aetatis
ab initio adolescentiae
ad consolandum
ad currendam
ad faciendam

ad integrum
ad nihilum
ad unum
ad vesperam
ad vesperum
ante lucem
ante omnia
ante obitum
ante mortem
ante hos dies
ante paucos dies
ante hos annos
ante diem
ante dies paucos

ante Luciferum
de animo
de castris
de causa
de cetero.
de civitate
de colonia
de custodia
de corpore
de dolo malo
de domo
de ecclesia
de evangelio
de exercitu
de Gallia
de gratia
de his
de industria
de ingenio
de integro
de invidia
de Italia
de medio
de monte
de parte
de adversa parte
de altera parte
de hac parte
de pecunia
de pecunia petentis
de periculo
de plebe
de plebe Romana
de regione
de re publica
de sententia
de templo
[cf. extemplo, in templo].

ex castris
ex causa
ex consilio
ex consilii sententia
ex corpore
ex his
ex ingenio
ex invidia
ex omnibus
ex parte
ex adversa parte
ex altera parte
ex hac parte
ex parte maxima
ex periculo
ex plebe
ex Sion

in aeditilitate
in agraria

in animo
in caelis
in caelo
in caelum
in Campania
ou in Capitolio
in castellum
in castra
in causa
in Christi nomine
in Christo
in circuitu
in civitate
in colonia
in comitatu
in consilio
in computo
in conspectibus
in conspectu
in conspectu hominum

in conspectu omnium
in contione
in controversia
in contubernio
in corpore
in cunis
in custodia
in decachordo
in Dei nomine
in deserto
in desertum
in discipulatu
in dividuo
in divisione
in divisione fratrum
in domo
in ecclesia
in eremo
in euangelio
in exercitu

in finem
in fines
in finibus
in furore
in futura
in futurum
in Gallia
in gratia
in habitaculis
in habitaculo
in Hierusalem
in hominem
in id ipsum
in integrum
in Italia
in joco
in judicio
in judicium
in jure (two signs)

in justitia
in lege
in locis
in loco
in locum
in lumine
in maturitate
in maximo periculo
in medio
in medium
in mensibus singulis
in mente
in mentem venit
in modum
in monte
in munimentum
in negotiatione
in nationibus
in nobis
in nomine
in oblivione
in obsidione
in occidente
in occulto
in omnibus
in oppido
in oriente
in otio
in pace
in pago
in palatio
in pampinum
in parte
in hac parte
in altera parte
in pecunia
in periculo

in periculo maximo
in perpetuum
in plebe
in plebe Romana
in popina
in posterum
in praejudicio
in praesepio
in principio
in proverbio
in potente
in providentia
in publico
in publico judicio
in reb. publicis
in regione
in regno nostro
in re publica

in saeculum
in saecula
in saeculum saeculi
in saecula saeculorum
in sagaria
in sagina
in scelere
in salutari
in sanguine
in sanguinem
in scripturis
in sempiterna saecula
in sempiternum
in senatu
in sententia
in sepulcrum
in sepultura
in sermone

in sicco
in singulis mensibus
in sinu
in Sion
in stagna
in sugestu
in squalore
in sumptu
in synagoga
in templo
in tempore
in tempora
in toto
in tribulatione
in unitate
in unum
in urbe
in vellus
in vinculis

in via
in voce
in vicem

inter partes
intra paucos dies
intra dies paucos

per deos deasque
per deos immortales
per deos deasque immortales
per idem tempus
per ignorantiam
per ipsum
per longum tempus
per singulas
post eam
post paucos dies
post dies paucos
post obitum

post mortem
prae taedio
pro civitate
pro corpore
pro nihilo
pro omnibus
pro parte
pro altera parte
pro periculo
pro plebe
pro salute
pro scriptura

sine causa
sine consilio
sine ullo consilio
sine controversia
sine ulla controversia

sine dividuo
sine divisione
sine ulla divisione
sine dolo malo
sine ullo dolo malo
sine dubio
sine ulla dubitatione
sine periculo
sine ullo periculo
sine praejudicio
sine ullo praejudicio
sine respectu

secundum rerum naturam

trans flumen
trans Rhenum
trans Tiberim

unus	primus	semel
duo	secundus (1)	bis
tres	tertius	ter
quattuor	quartus	quater
quinque	quintus	quinquies
sex	sextus	sexies
septe[m]	septimus	septies
octo	octavus	octies
nove[m]	nonus	nonies
decim (= decem)	decimus	decies
undecim	undecimus	
duodecim		
tredecim		
quattuordecim		
quindecim		
sedecim		
decem & septem		
decem & octo		

(1) On trouve aussi souvent secundus, secunda, secundum, etc.

decem et novem
viginti
triginta
quadraginta
quinquaginta
LX
LXX
LXXX
LXXXX
centum
ducenti
trecenti
quadringenti
quingenti
sexcenti
septingenti
octingenti
nongenti
mille

duo milia
tria milia
quattuor milia
quinque milia
sex milia
septem milia
octo milia
novem milia
decem milia
viginti milia
triginta milia
quadraginta milia
quinquaginta milia
sexaginta milia
septuaginta milia
octoginta milia
nonaginta milia
centum milia
ducenta milia

trecenta milia

quadringenta milia

quingenta milia

sexcenta milia

septingenta milia

octingenta milia

nongenta milia

decies centum milia (1 000 000)

decies centena milia

mille milia

VARIATIONS
DANS LES NOTES

Nous pouvons comparer différents exemplaires du Psautier en notes tironiennes et nous verrons qu'un mot peut s'écrire de différentes manières.

Voici les variantes relevées, pour les seize premiers psaumes, entre le ms. de Wolfenbüttel et le ms. de Paris N. a. l. 442.

		Guelf.	Paris.
Ps. I, 1	peccatorum		(sic III, 8)
	sedit		(faute)
" 3	folium		
" 6	justorum		
Ps. II, 2	Christum		
" 4	subsannabit		
" 6	montem		
" 9	reges (verbe)		
"	virga		
" 10	nunc		(presque tunc)

		guelf.	Paris.
Ps. II, 10	intelligite		
" 11	exsultate		
"	timore		
" 13	brevi		
"	confidunt		
Ps. III, 1	sunt		
" 4	susceptor		
Ps. IV, 2	in tribulatione		
" 3	exaudi		
" 4	sanctum		
" 5	nolite		
"	cordibus		
"	cubilibus	(1)	
" 7	laetitiam		
" 8	frumenti		
" 9	pace		
Ps. V, 2	verba		
"	percipe		
" 3	intende		

(1) Cette terminaison est fautive, signifiant <u>mentibus</u>.

			Guelf.	Paris.
Ps. V,	8	ante	[illegible]	[illegible]
"	7	operantur	[illegible]	[illegible]
"	10	ore	[illegible]	[illegible]
"	11	guttur	[illegible]	[illegible]
"	13	benedices	[illegible]	[illegible]
Ps. VI,	7	lectum	[illegible]	[illegible]
"	11	inimici	[illegible]	[illegible]

On voit que dans l'exemplaire de Wolfenbüttel les terminaisons sont souvent exprimées d'une manière plus complète, c-à-d. par la syllabe finale, tandis que l'exemplaire de Paris indique plutôt la voyelle finale ; ainsi nous avons

Guelf. : torum, tum, ga, vi, tor, di, dibus, de, ces, ci.

Paris. : orum, um, a, i, or, i, bus, e, es, i.

Nous pouvons encore comparer les deux mêmes manuscrits avec le Paris. 13160 (olim S. Germain 779) dont le Nouveau traité de dipl. t. III, pl. 62, reproduit le Psaume 44 [sans respecter le format de l'original].

	guelf.	Par. N.a.l. 442.	S. Germ.
Psaume 44. diffusa			
calamus			
potentissime			
accingere			
decorem			
regi (dat.)			
pulchritudine			
procede			
regna			
oleo			
laetitiae			
casia			
regum			
regina			
plebis			
fimbriis			
amicta			

Le Psautier de S. Germain se rapproche plus du Par. N.a.l. 442 ; cependant il lui arrive aussi de compléter les finales, comme dans pulchritu-di-ne.

L'écrivain de N.a.l. a forgé un radical pour accingere.

CONSEILS
POUR LE DÉCHIFFREMENT

Lorsqu'une terminaison est jointe au radical, c'est par elle qu'il convient de commencer. Souvent on s'aperçoit ainsi que le mot cherché est un verbe ou un substantif.

On a vu, dans le chapitre précédent, que les scribes ne suivent pas un système uniforme pour exprimer les terminaisons. Ainsi les mots en tor sont accompagnés de la finale ℓ (or) ou de Ɉ (tor). De même la désinence tat est ordinairement représentée, p. ex. dans agitat, vetat, volutat, vitat, disputat ; mais on ne rencontre que at (le même signe sans le point supérieur) dans ⁻z notat, 'l tentat, ɔc' decertat, ʖs instat, ᒷ portat et les composés de ces verbes.

La terminaison \· mentum se reconnait bien dans \·ʅ tormentum, mais elle s'ajoute à des radicaux terminés par M, de sorte que la lettre M est exprimée deux fois dans Ln. IuM-mentum, Lm LinaM-mentum, etc.

La finale tio, p. ex. Do contio, h ambitio, o optio, ne se confond jamais avec cio qui n'a pas de signe spécial. Ainsi Dc Condic(i)o.

La finale tas, p. ex. 2 crudelitas est très reconnaissable, mais dans quelques mots l'usage lui a substitué un trait plus simple, p. ex. veritas, voluptas, voluntas, calamitas.

Passons à la recherche du Radical dont il faut reconnaître la lettre ou la syllabe initiale.

La lettre a sous ses deux formes (Λ h.) et les syllabes / ad ou at, \ ab, L al, / am, d ar sont ordinairement faciles à voir, mais les ligatures entraînent quelquefois la perte d'un jambage, dans ACerb-us, AuGur.

d (ar) représente aussi ade, ado, ao, p. ex. adeptus, adoptat, AquOS-us, AnnONa.

Il est parfois difficile de reconnaître ae (trait épais montant à droite) dans M mae, ae(gres)c-it, ∧ aeq(ual)is. On est dérouté par arbor.

AC se confond facilement avec FC (fiducia) PC (paucis).

Le B est la lettre la plus aisée à voir, ce n'est guère que dans les finales des verbes, comme bamus que 3 a perdu sa boucle et s'est transformé en 2, ressemblant alors à c.

En général ⅂ indique un mot commençant par di, ∂ un commencement en de ou do. Dans la pratique ⅂ (di) écrit d'une façon trop angulaire, amènera une confusion avec t ou p.

La lettre F est déformée aussi dans les ligatures FaCin-us, FlaBil-is, FlaGr-at, Fov-et, Fumus.

On est porté à confondre FO avec PO et OP.

σˢ FOrS, σˢˢ FortaS-se, σˡ FoLl-is.

σⁱ Potens, σ̃ Prob-um, σⁱ Pontifex

σ' OPortet, σ̈' OPinans, σ̣ⁱ OPportuNus.

ς ς ς ga, ge, gi sont faciles, mais parfois on peut être embarrassé, p. ex. pour ς gavisus, ჲ gemellus, ჳ gruis.

Les deux formes de h (Ч ჰ) se dénaturent quelquefois, p. ex. dans ⊦ hic, ⊬ hispanus, Ꝟ3 habitat, ϒ' haeret, ϒº horror. Dans les deux derniers exemples, on pourrait vainement chercher un mot commençant par C.

La lettre I se soude à une foule de caractères qui amènent des complications, principalement pour les nombreux composés de in. Jointe au D elle prend une boucle, dans ꝺc indecens, ꝺc-o indictio, comme dans ꝺ incultus, ꝺ intercludit, ꝺc increbrescit.

De même indignus, indicium, induciae, index, invidus, inedia, India, indoctus. Dans jocus, introitus, la boucle exprime la lettre o.

Le K sert souvent pour des mots commençant par CA : candor, calescit, carbo. Dans carcer, cardo, charta carina, cataracta, on voit des formes dérivées loin de la source.

La lettre m est déformée surtout quand elle est jointe à C dans macies ; on la reconnaît bien dans MS miser, moins dans morosus.

N est défigurée dans November, Narbo, elle se confond parfois avec M.

P se confond souvent avec T, qqf. avec N.

Les lettres Q (q) et R (q) sont devenues absolument semblables sous la plume des scribes carolingiens, mais seulement dans certains cas.

La lettre S prend quelquefois la forme de ↄ (D) ou de V (Y) sous la plume des scribes. Autrement la boucle indique que le mot commence par une préposition placée avant S : ainsi Ꝺ, dis-sociat, Ꝺ obsaepit. Ꝺ sert aussi naturellement pour les mots commençant par se ou so.

Le T perd qqf. son deuxième jambage, dans tegmen, tabula, turbo, tunica.

Mais la principale difficulté du déchiffrement consiste en ce que les scribes, dans la rapidité de l'écriture, déforment les caractères assez nets du lexique tironien. Les formes anguleuses deviennent rondes et réciproquement ; les traits sont allongés ou raccourcis ; ce qui cause souvent de longues recherches à celui qui veut déchiffrer une note tironienne. En outre les scribes ont inventé des formes qui manquent au lexique et qu'on arrive quelquefois à comprendre par l'analyse.

EXEMPLES

1° VÉRONE

La bibliothèque capitulaire de Vérone possède des manuscrits en onciale et en semi-onciale dont la transcription peut être datée du Ve au VIIIe siècle. On y trouve dans les marges des notes tironiennes fort instructives. Il est malheureusement difficile de savoir si ces notes sont contemporaines de la copie des volumes ou si elles ont été ajoutées plus tard. Néanmoins on en rencontre quelques unes antérieures à la rédaction des Lexiques tironiens telle que nous la possédons. On peut donc espérer qu'une étude approfondie des notes de Vérone ferait faire de sérieux progrès à la science de la tachygraphie latine.

Dans le célèbre manuscrit XXXVIII, 36 (Sulpice Sévère. Cf. Zangemeister et Wattenbach, Exempla tab. 32) copié en l'an 517, on trouve au milieu de la Vie de Saint-Martin, entre les lignes, fol. 12 v°, après les mots « monasterium sibi statuit »

[Tironian note]

fol. 63 v°, après « glorificatus est passione »

[Tironian note]

De même dans le ms. LIX, 57 (S. Athanase, S. Cyrille, etc.) en semi-onciale du VIIe siècle, on rencontre plusieurs fois (p. ex. fol. 16, 57, 181 v°):

[Tironian notes]

Ces notes seraient indéchiffrables avec le seul secours des Lexiques tironiens. Je lis, dans les cinq cas, hic requirendum (quoique le 5e puisse aussi se lire : item requirendum).

Nous pouvons comparer les exemples lus par Schmitz dans le ms. 75 de Cologne :

[Tironian notes] (usque hic factum est requisivit)

et dans le ms. 98 de la même bibliothèque :

[Tironian note] (hic requisivi), [Tironian note] (hic requisitum est)

Ici tout est régulier : [Tironian note] signifie hic et [Tironian note] requirit dans les Lexiques tironiens. Mais les copistes véronais se sont permis d'espacer les deux éléments du mot hic et ont employé pour exprimer l'r initial du verbe une forme qui se trouve fréquemment couchée (ꭓ⁄ restringit, ꭓ⁊ retorquet, etc.), à laquelle les Lexiques ont substitué une forme assez malheureuse 9 puisqu'elle prête à la confusion avec les mots commençant par Q.

Dans le même ms. LIX, 57 on trouve aussi les mentions ordinaires: R̄ (fol. 179) ou Rq (fol. 114 v°), autres manières d'exprimer requirendum (plutôt que requira).

Le ms. LIII, 51 (Facundus Hermianensis episcopus. Cf. Migne, P.L. t. LXVII) en semi-onciale du VIe ou VIIe siècle, offre de nombreuses notes tironiennes en marge, par exemple fol. 108 :

ϛ>5̄ı 7- ҕ̇2
c̄ rzaNTinopolitanu
ϛ' ⅄ ʂ3 7 ɲ 6ᵉ [la fin rognée].

Je lirais : Ge-la-s-i pape sententia contra constantinopolitanu[m] episcopum vituperatum (?) sibi post reliquit pontifex ....

Au lieu d'employer le signe Gi (Gelasius) l'auteur de la glose a préféré se servir des syllabes, procédé fort usité pour les noms propres. En ce cas on surmontait les syllabes d'un trait qui, par négligence, ne recouvre ici que les deux dernières lettres.

Au fol. 110 v°: [illegible]

quae sit utilitas faciendorum conciliorum.
Dans les lexiques la terminaison tas est placée plus à droite ([illegible]) et le mot concilium ([illegible]) est nettement formé de con-c(ili)um, tandis qu'ici on trouve (si ma copie est exacte) simplement CON(cili)orum. Du reste le difficile est souvent de distinguer une forme ronde d'une forme anguleuse.

Au fol. 131 v° :

quia prius interrogari debuit
ac deinde culpari.

La désinence ari (…) n'est pas exprimée, surtout à la 2e ligne, avec beaucoup d'exactitude.

Au fol. 134 :

q̃ hieronim'
blasphemias
Theophili i Jo
…

quod Hieronimus
blasphemias
Theophili in Joannem
in-latas transtulerat.

de miseria humane vite.

Au fol. 211 :

Differentia boni et mali lectoris.

Il y a des notes semblables aux fol. 109, 116 v°, 122 v°, 132 v°, 135, 141, 147 v°, 171 v°, 178 v°, 180 v°, 184, 206 v°, etc.

La tachygraphie employée à Bobbio est encore mal connue et les monuments en sont rares. On sait que les manuscrits de ce célèbre monastère sont dispersés entre les bibliothèques de Milan, Turin, Rome, Naples, Vienne, etc. Un relevé exact des notes tironiennes qui peuvent se trouver dans les plus vieux volumes de cette provenance nous éclairerait sur un système qui semble avoir différé du système employé dans les autres pays.

On a signalé dans le ms. 5750 du Vatican (Juvénal en écriture capitale) au fol. 78, une ligne de notes que personne n'a pu déchiffrer jusqu'ici [cf. Mai, *Class. auct.* t. III; Zangemeister et Wattenbach, *Exempla*, tab. V; Jul. Havet, *Oeuvres*, t. II, p. 485, not. 5].

Le ms. O 210 sup. de la Bibliothèque Ambrosienne de Milan, copié au VIIe siècle en semi-onciale (contenant des lettres de S. Augustin, de S. Jérôme; S. Athanase de Unitate Dei, etc.)

offre (fol. 46 v°) un exemple curieux de vieilles prières écrites en cursive du VIIe ou VIIIe siècle, avec des mots intercalés en notes plus ou moins tironiennes. Reifferscheid (Bibl. patrum Italica, t. II), dans la description minutieuse qu'il a faite de ce volume, n'a pas mentionné le contenu du fol. 46 v°. Ce sont des prières empruntées généralement au Sacramentaire léonien connu par un ms. de Vérone en onciale du VIIe siècle [Cf. Duchesne, _Origines du Culte chrétien_, p. 128 sqq.; Delisle, _Mémoire sur d'anciens sacramentaires_, p. 65; _Sacramentarium Leonianum_, éd. Feltoe, Cambridge, 1896]. Notre feuillet 46 v° est malheureusement difficile à lire parce que jadis il terminait le volume (le fol. 54 v° est signé Q. I.) et a été longtemps exposé à la lumière et aux ordures; de plus la finesse du parchemin laisse voir l'écriture du recto, ce qui procure tous les inconvénients d'un palimpseste [Voir la planche à la fin de ce volume]. C'était autrefois le ms. n° 20 de Bobbio.

Dans cette page nous trouvons

non	exprimé par	[illegible] ou [illegible]	au lieu de	[illegible]
nobis	"	[illegible]	"	[illegible]
noster		[illegible]	"	[illegible]
nostrae		[illegible]	"	[illegible]
hoc		[illegible]	"	[illegible]

(Cette note était analogue à celles qui ont persisté pour hac [illegible], haec [illegible], hunc [illegible], hanc [illegible])

auxilium	exprimé par	[illegible]	au lieu de	[illegible]
judicium	"	[illegible]	"	[illegible]
virtute	"	[illegible]	"	[illegible]
sancta	"	[illegible]	"	[illegible]
domine	"	[illegible] ou [illegible]	"	[illegible]
ut	"	[illegible]	"	v
tuorum	"	[illegible]	"	[illegible]

Plusieurs mots sont exprimés au moyen des syllabes :

[illegible] = re-me-di-um (cf. Vérone pour 2 = re).

[illegible] = mu-ne-ra (Ordinairement p = ra)

[illegible] = sub-si-di-a , [illegible] = fi-des,

[illegible] = quae-sumus

Cette forme de ⌃ pour quae et celle de ⌄ pour quod sont tombées en désuétude.

Tout en faisant des reserves sur l'etat actuel de nos connaissances, on peut affirmer que les écrivains de Bobbio ne prenaient pas pour guide un lexique semblable à ceux qui nous sont parvenus.

3° GELLONE.

Le célèbre sacramentaire de l'abbaye de Gellone (diocèse de Lodève) copié au VIIIᵉ siècle en écriture wisigothique [cf. L. Delisle, Cabinet des mss., III, 221], auj. Bibl. nat. 12048 [Vitrine XIII, 124] autrefois fonds S. Germain 163, offre une note marginale [publiée dans le Nouv. traité de Diplomatique, III, 614], fol. 158 :

[illegible]	Benedic[tio]
i [illegible]	in eb[doma]da
XVIIII	XVIIII
[illegible]	post pente
[illegible]	cos ten

Les mentions semblables de contexte ne laissent aucun doute sur la lecture, mais les syllabes post, pen, cos, ten sont exprimées d'une façon anormale.

L'école calligraphique de Tours [cf. Delisle, Mém. de l'Acad. des Inscr., t. XXXII, 1re partie], si florissante sous les Carolingiens, est peut-être le centre où les notes tironiennes furent le mieux connues. Nous avons du moins de nombreux manuscrits annotés ou glosés au moyen des notes, et on n'y trouve guère, comme dans certaines localités, des signes arbitraires employés par des écrivains ignorants qui déroutent nos recherches.

Le Bernensis 165 est un beau manuscrit de Virgile dont les marges sont enrichies de commentaires agrémentés de notes. Voir _Paléographie des class. latins_, pl. 67. et _Palaeographical Society_, 2e série, pl. 12.

Bibl. nat. N. a. l. 405. Le feuillet d'un ms. d'Orose copié par Adalbaldus et sauvé par M. Desnoyers contient des notes tironiennes déchiffrées par Julien Havet (C. Rendus de l'Ac. des Inscr. 1887). C'est un fragment de l'ancien n° 87 de la Bibl. de Saint-Martin

Bibl. nat. N.a.l. 1612 (autrefois ms. 42 de St Martin. Cf. Delisle, Catalogue du fonds Libri, p. 62). Ce ms. de Bède le Vénérable fournit de nombreux exemples d'annotations marginales, par exemple :

fol. 3 et 20 :	Plin̄ s̄c̄s	Plinius Secundus
fol. 3 :	f̄ḡh	figura
fol. 5 :	m̄r̄	mirum
fol. 6 v° :	ō Ancona	Oppidum Ancona
"	meroe īs	Meroe insula
fol. 14 :	Iosph̄ ꝯ appion̄ gr̄	Josephus contra Appionem grammaticum.
fol. 14 v° :	milet' c̄, Tyr' c̄	Miletus condita. Tyrus condita
fol. 15 :	Sam' c̄	Samus condita
fol. 17 :	N s̄c̄dm diuinā sc̄p̄t serie t̄	Nota secundum divinam scripturam seriem temporum
fol. 17 v° :	d l̄ Atheniensiū	de litteris Atheniensium
"	Iadd. p̄f m̄	Iadd. pontifex maximus
fol. 20 :	Hiren̄ ep̄ lucd̄n	Hireneus episcopus Lucdunensis
"	Victor ep̄ rom̄	Victor episcopus Romanus
"	N nomā ep̄	Nota nomina episcoporum
fol. 17 :	Ezra s̄c̄d	Ezra sacerdos.

Bibl. nat., lat. 9430 (autrefois n° 62 de S. Gatien), Sacramentaire dont une partie forme le n° 184 de la Bibliothèque municipale de Tours. [cf. Delisle, Not. et extr., XXXI, 1e p., 181; Mém. sur d'anciens Sacramentaires, p. 130.] Dans ce volume les titres qui devaient être tracés dans le texte courant en onciales ont d'abord été indiqués en marge au moyen de notes tironiennes, mais le calligraphe qui a exécuté les titres n'a pas toujours suivi ces indications à la lettre, soit qu'il ne comprît pas toujours, soit qu'il préférât copier les titres d'après un autre manuscrit.

fol. 74 v°:	I⁻ Λh	= item alia (en onciale: alia missa de sancta trinitate)
"	ṡ ℓ	super oblata
"	/ 2	ad complendum
"	h ʌs δ ς	missa de sapientia
fol. 77:	ṡ ʌ	super populum
fol. 79:	h ʌs c	missa sacerdotis (en onciale: Item alia sacerdotis)
fol. 81 v°:	I⁻ Λh h ʌs	item alia missa.

fol. 86 v°: [illegible] — missa ad postulanda lacrimas (en onciale: missa ad postulandum lacrim̄)

fol. 89: [illegible] — item pro amico vivente.

fol. 93: [illegible] — missa pro infirmis

fol. 94 v°: [illegible] — missa pro infirmo qui prope est mortem (en onciale: pro infirmo proximo morti).

fol. 95 v°: [illegible] — missa in natale sanctorum sive agenda mortuorum.

fol. 96: [illegible] laico — pro clerico sive laico.

Bibl. nat. N. a. l. 2322 (autrefois n° 85 de Saint-Martin). Lectionnaire ou recueil d'homélies attribuées à Alcuin (voy. Delisle, Not. et extr. XXXI, 1re partie, p. 193 et 298; Catal. du fonds Desnoyers, p. 10). On y trouve un petit nombre de notes tironiennes, p. ex.

fol. 133 v°: Accesserunt [illegible] quidam saducęorū, les mots ad Hiesum ont été ajoutés entre les lignes.

fol. 67, la formule finale « per dnm nrm ihm xpm » a été complétée: qui cū patre et spū sco [illegible] (vivit et regnat deus per infinita saecula saeculorum. Amen).

fol. 88, après les mots : „qua manifestare venerat auctorem, [illegible] [illegible] hūm 2^ qui cū 7̄ ⁊ [illegible] [illegible] [illegible] ⁊ [illegible] [illegible] ⁊ ſcla ſclox hm.

dominum nostrum Hiesum Christum qui cum patre et spiritu sancto vivit et regnat per omnia saecula saeculorum. Amen.

De même au fol. 124 v° : qui cū eo ⁊ ſpū ſcō uiuit ⁊ [illegible] [illegible] p ⁊ [illegible].

Ici, comme souvent en pareil cas, l'écrivain emploie alternativement les caractères tironiens et les lettres de l'alphabet.

Observons que pour exprimer saecula saeculorum il suffisait d'employer une fois le radical [illegible] et de lui apposer les deux terminaisons a et orum.

On trouvera des exemples de morceaux plus longs écrits en notes tironiennes et provenant de l'Ecole de Tours à la fin de ce volume. (Voir Explication des planches.)

5° LIMOGES

L'abbaye de Saint-Martial à Limoges possédait un Psautier en notes (Delisle, Cab. des mss., II, 503, n° 317).

Le ms. lat. 7925 de la Bibliothèque nationale (Virgile) contient des annotations marginales et interlinéaires dans lequel les notes tironiennes ne sont pas rares. Cf. Paléographie des class. lat., pl. 73.

6° ÉCOLE ORLÉANAISE

Je réunis ici les manuscrits qui semblent provenir des abbayes bénédictines de Fleury-sur-Loire ou de Saint-Mesmin de Micy.

Bernensis 451, beau manuscrit de Quinte-Curce, copié au IXe siècle, ayant appartenu à Pierre Daniel. Les notes tironiennes abondent aux fol. 100, 103 v°, 104, 116 v°, 117, 129 v°, 126, 130 v°, 132 v°, 142, 143 v°; elles ont été déchiffrées par Kopp (I, 327-331) et reproduites en partie par Krause dans sa Grammatica tironiana. Voici, par exemple, ce qu'on trouve après la fin du livre X (fol. 144):

[illegible]	Lib. III. Inter haec Alexander ad conducendum ex Poloponesso militem
[illegible]	quodam cum pecunia misso Alexandri magni Macedonis
[illegible]	Lib. IIII explicit. Incipit IIII. Dareus
[illegible]	Lib. V. quae interim uter (?)
[illegible]	Lib. VII. Philotan
[illegible]	Lib. VIII. Alexander
[illegible]	Lib. VIIII. Alexander tam memorabili
[illegible]	X. Hisdem fere temporibus.

Ce sont, à part quelques fautes, les mots qui commencent chacun des livres de Quinte Curce.

Bernensis 668. Contient des Psaumes en notes et une partie du Lexique tironien.

Vatic. Regin. 846. Contient des textes relatifs à la théologie, à la grammaire, à la médecine, étudiés par G. Schmitz, notamment dans ses Miscellanea tironiana.

Bernensis 357. A la suite des fragments de Salluste, on a transcrit (fol. 32 v°) et sur un demi feuillet laissé en blanc (fol. 25) des extraits de grammaire empruntés à l'œuvre de Priscien. Voir à la fin de ce vol. (Planches).

Bernensis 510. Boèce, avec de longues notes marginales où les caractères tironiens ne sont pas rares. Voir à la fin de ce vol. (Planches).

Bernensis 358. Fragment de lexique tironien, publié (avec le Bern. 668) par Schmitz dans ses Notae Bernenses, in-fol. (Beilage zum Panstenographicon).

Bernensis 348, fol. 169 : Tractatus Isidori de ratione digitorum, avec not. tir.

Bernensis 207. Recueil de grammairiens décrit par Hagen (Anecdota Helvetica, p. XV-XXXI). Au fol. 14 dans l'Ars Donati, en face du chapitre sur le Solécisme, on lit :

soloecism[us] [illegible] ÷ hac	Soloecismus dictus est hac
[illegible] cili	ex causa quia populi circa Cili-
ciā ē hi [illegible] athenas	ciam sunt; hi venerunt Athenas,
[illegible] ÷	dum praesumerent loqui, exinde protractum est
v dicerent [illegible] in	ut dicerentur vitia ipsa
[illegible] soloecism[i]	male loquentium soloecismi
[illegible]	quasi sic solent omnem illi male
t [illegible] soloecis	vel aliter: ita soloecis[mus]
[illegible] ÷ acilicib; [illegible]	dictus est a Cilicibus qui ex
[illegible] solo [illegible]	valle Solo erant, quae nunc
pōpeiopolis dr	Pompeiopolis dicitur.

7° ÉCOLE PARISIENNE

Dans les abbayes de Saint-Denis et de Saint-Germain-des-Prés on employait quelquefois les notes tironiennes, surtout pour les observations marginales.

Bibl. nat. lat. 256. Evangiles en onciale, du VIIe siècle (cf. Delisle, Cab. des mss. III, 215; Sam. Berger, Histoire de la Vulgate, p. 402) provenant de Saint-Denis. Les gloses marginales ou interlinéaires sont en cursive mérovingienne ou en notes, par exemple fol. 74 v°.

Au fol. 85 v°

AUT QUID DABIT HOMO

COMMUTATIONEM

Au dessus de "quid" on voit pulchrum aut bellum et après "homo" hoc est ad.

Il y a, comme toujours, des gloses qui nous paraissent inutiles, ainsi fol. 103 v°:

UNA SABBATORUM

la note una sabbato répète à peu près le texte évangélique.

Le ms. KK.V.13 de l'Université de Cambridge provient également de Saint-Denis. C'est un Palladius de agricultura. Au fol. 111 v° on lit en marge:

de aliis servandis

seu ulpicis

Au monastère de Saint-Germain-des-Prés on employait aussi quelquefois les notes tironiennes.

<u>Bibl. nat., lat. 12255</u> (Homélies de S. Grégoire, etc.), jadis S. Germ. 280, fol. 134, à propos des mots : « Ita enim exponit sapientia patris in qua et per quam omnia facta sunt » on lit :

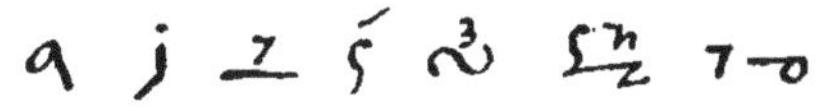

quod filius factus sit nobis sapientia totus.

<u>Bibl. nat., lat. 11553</u> (Bible), autrefois S. Germ. 86. Commentaires, aux marges ou entre les lignes, abondants en notes, par ex.

Fol. 140 v°, devant tradent quattuor quaternionibus militum :

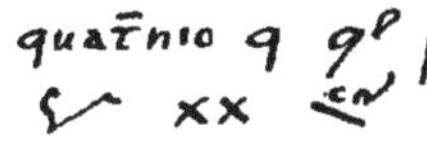

« quaternio qui quattuor praeerat, simul XX fuerunt »

Fol. 144, devant : Ego sum ihs nazarenus quem tu pquerıs

non dixit filius Dei quia hunc id est Hiesum decebat se in id nolle credere.

Fol. 146 v°, une note plus longue (devant naui cui erat insigne castorum) :

ł ⸗ Łh ⁴⁄z insignita signo castoris ⁊ pollucis q ĩ gemini c͡ɔ ʒ q ⁊ ꝟ ï iouis de ledea ꝭ thesei ꭓ cretȩ / ĩc iuppitẽ / ꝛcr · ꝭ ⁊ ꝡ helenã ꝟ sororẽ · q̄ – ɔ / ꝶ ꝟmroz ꝓspera ł nauigatio ſ.. utq · ꝟn̄ · ſ ꝟ ꝭ · ꝫ · ꝟ ł · ꝭ ⁊ ꝭ · ꝫ ꝟ nautis ⁊ ꝟ ꝟ ꝛ antenã ÷ ꝯ ∴

Erat enim illa navis insignita signo Castoris et Pollucis, qui sunt Gemini signum in caelo, qui et fuerunt filii Jovis de Ledea ‖ uxore Thesei regis Cretae quam ipse Juppiter adamaverat, unde et habuit Helenam horum sororem. Quia ergo in istorum apparitione ‖ prospera erat navigatio si quidem uterque appareret, si autem unus solus, mala erat, unde et pariter venerantur a nautis ‖ et haec apparitio contra antennam est consideranda.

Observations. A la ligne 1, l'écrivain a exprimé navis par [tironian note] (avec la terminaison vis) alors que le lexique tironien donne [tironian note] (avec la terminaison is), il a admis la ligature in caelo [tironian note] en usage à l'époque carolingienne mais qui manque au lexique tironien. A la ligne 3 au lieu d'exprimer mala par la forme habituelle [tironian note] (avec la terminaison a) il a préféré mettre la terminaison la [tironian note].

Au fol. 147 du même manuscrit, la glose des mots « in suo conducto » est [tironian note] educta, c'est-à-dire « in domo sibi conducta ».

8° BEAUVAIS

La bibliothèque, si riche au Moyen-âge, de la cathédrale de Beauvais possédait encore en 1617, suivant Antoine Loisel (Mémoires de Beauvais... p. 61) « une loi salique escrite en notes ». Ce précieux volume est-il perdu? Je vais proposer ici une simple conjecture.

Le fameux ms. de la Bibl. nat. latin 2718 (autrefois de Colbert) dont les formules et la capitulaire de Louis le Pieux ont fait l'objet des études de Carpentier et de Schmitz, ne provient pas de Saint-Martin de Tours comme l'avait supposé Th. Sickel (Acta regum... Karol. I, 116); voir Schmitz, Monum. tach. cod. Paris. 2718, I, p. 3, not. Or au fol. 72, où commencent les textes tachygraphiques, se trouvent les mots Se + Salicam; le mot _salicam_ étant transcrit en lettres intelligibles, ne serait-ce pas le manuscrit désigné par Loisel qui serait entré dans la bibliothèque de Colbert? Le texte le plus important peut-être qui nous soit parvenu en notes tironiennes serait alors de Beauvais. On peut aujourd'hui, grâce aux fac-similés de Schmitz, étudier à fond les procédés employés pour transcrire les textes historiques cités plus haut et le traité de S. Jean Chrysostome _de compunctione cordis_.

Loisel, qui déplorait les pertes de la bibliothèque de Beauvais, a dû recueillir lui-même quelques épaves de cette riche collection. Plusieurs vieux manuscrits qu'il donna à l'église Notre-Dame de Paris semblent provenir de Beauvais. Il y a peut-être lieu de supposer que le ms. suivant avait cette origine.

Bibl. nat. lat. 18554 (olim Notre-Dame 271), Sedulius, Arator, Prosper, Prudence, avec des gloses en notes tironiennes (surtout pour Arator) analogues à celles qui ornent divers manuscrits de Virgile. Par ex., fol. 72 v° (à propos du vers d'Arator I, 609 : Quem tune stare videt confessio nostra sedentem) :

Sedere iudicantis ÷ stare aut̄	
pugnantis postea nos in nr̄a	
confessione credulitatis domi	
nice l. In simbolo ? 21ʰ 2x	cottidie confitemur Christum
Su / γ / 7 ∴ ? # stephanus	sedentem ad dexteram
? ? ? apτos 7 ? ? h γ dī	patris. Sanctus enim dixit potens Vidit caelos...
1 ? ? ? 7 stara ;	et Hiesum sedentem a dextra
	... in adjutorium illius imminere et stara (leg. stare).

9° CORBIE

Saint Anscaire, moine de Corbie au IXe siècle, avait écrit de sa main, dit-on, plusieurs volumes en notes tironiennes (Cf. Nouv. tr. de dipl., III, 570). Les Bénédictins citent une note du ms. 17 de Saint-Germain (auj. Bibl. nat. lat. 11505) à la fin du 2e livre des Machabées :

[Tironian notes] (habet versus 2700)

L'écrivain n'était pas très expert, ignorant encore l'abréviation usuelle [Tironian note] pour habet.

De même Bibl. nat. lat. 12190 (olim S. Germ. 758), les Bénédictins ont deviné plutôt que lu la note suivante :

[Tironian notes]	Marcus dixit : quae habent etiam
[Tironian notes]	haec verba vel sententiae
[Tironian notes]	similiter illis

Dans Bibl. nat lat. 12097 (olim S. G. 936), célèbre manuscrit de Corbie en onciale du VIe s. ils ont relevé, au fol. 64 v°, la note :

[Tironian notes]

les Bénédictins ont donné le premier verset du Psaume 143 : Benedictus dominus Deus meus qui docet manus meas ad praelium et digitos meos ad bellum. Mais l'écrivain a commis plusieurs fautes. Au lieu de dominus, ce qu'il a écrit ferait domine. Docet s'écrit [illegible]. Le point de manus, réservé du reste au nominatif, doit être au-dessus, non au-dessous du trait final. Digitos ne saurait se rendre par [illegible] qui signifie de. Meos a été répété deux fois (11°). Nous avons donc là l'essai de plume d'un moine inexpérimenté.

Dans le même volume d'autres notes, tracées par une main plus ancienne, présentent de réelles difficultés de lecture, parce qu'elles sont tracées rapidement et ne se conforment peut-être pas toujours au système des lexiques tironiens. Au fol. 185 v°

[illegible] signifie peut-être incipiendum per Spiritum sanctum.

Une longue note de trois lignes intercalée au fol. 178 v° et deux autres au fol. 210 semblent remonter à l'époque mérovingienne.

10°. SAINT AMAND

L'abbaye de Saint-Amand possédait encore au XIIe siècle cinq exemplaires du Lexique tironien « libelli quinque veteres qui ipsas notas indicant » et un Psautier « notis conscriptum » (Delisle, Cab. des mss. III, 449).

Le manuscrit 521 (475) de Valenciennes nous a conservé, dans son feuillet de garde, un curieux spécimen de l'art tachygraphique pratiqué à Saint-Amand. C'est un « fragment remontant sans doute au commencement du Xe siècle, d'une explication parénétique de Jonas ; ce fragment, tracé moitié en caractères ordinaires, moitié ... en notes tironiennes, moitié en français, moitié en latin, nous représente sans doute une partie des notes prises par un auditeur qui était plus habitué à écrire le latin que le français » (G. Paris, La littérature française au Moyen âge, 2e éd., p. 222). Le recto du feuillet est fort endommagé. Fac-similés dans Génin, Chanson de Roland, p. 466 ; G. Paris, Album de la Soc. des anciens textes, pl. 10 ; Koschwitz, Les plus anciens monuments de la langue française. 5e éd. (Leipz. 1897).

Dans ce texte plusieurs désinences françaises sont exprimées au moyen des terminaisons latines. Ainsi

E	signifie	ent
ME	"	ment
T	"	tes
Z	"	nes

11° LAON

Le ms. 444 de Laon, à la fin d'un glossaire graeco-latin (publ. par Miller, Not. et extr. XXIX, 2e p., récemment par Goetz, Corpus gloss. lat., vol. II) fournit la souscription suivante qui ne brille pas par le style, ni par la paléographie (fol. 275 v°) :

hc glorrar [illegible] egit

H [illegible] met [illegible]

[illegible]

[illegible]

[illegible] conrcendere [illegible]

[illegible]

α I.B ϵ I.Γ

Graecarum glossas Domino donante peregit

H...... tibimet frater servire paratus.

Namque geris vittas longo quo tempore felix

Pontificale decus multumque tenere salubre

Exhinc ad caeli valeas conscendere culmen

Ac regem regum cum sanctis cernere Christum.

AMEN.

Telle est la lecture de Schmitz (N. Archiv, XV, p. 197. Depuis M. L. Traube (O Roma nobilis, p. 66) a soutenu que sous la lettre h se cachait le nom Hincmaro.

Geris vittas devait s'écrire [notes tironiennes], et comme le sens et la construction ne nous satisfont pas, je serais tenté de croire que l'écrivain a voulu dire cupit vivas [notes tironiennes].

En faisant une boucle au d (vers 4) il a exprimé plutot decens [note] que decus [note] que certainement il avait l'intention de mettre

12° REIMS

De Saint-Rémi de Reims vient le Lexique tironien, Bibl. nat. lat. 8780.

Le ms. Bibl. nat. lat. 9347 (jadis S. Remigii n° 1111) contient un assez grand nombre de notes tironiennes en marge du poète Juvencus par ex. fol. 21 v° : demum (deinde)

fol. 18 v° : [notes tironiennes] (dona spiritus sancti)

fol. 32 : capient uix ~~pmia~~ primi (munera en glose)

et en marge ... 2e (sicut est regnum caelorum)

fol. 10 v° : & uasti ~~pmitarua~~ freti

(id est vestigia premit (?) a terra ad mare)

De l'abbaye bénédictine de Saint-Basle, provient le Bernensis 109 dont Hagen a publié en 1880 les morceaux écrits en notes tironiennes, extraits de S. Augustin, de Salvien, du médecin Marcus et l'épigramme suivante :

Octā aug̃. Cuiuę t&ricar ... recludite ...:
z ... niueū nebula ... , ... murmura
... v uacet ... amicitię ; ... L ...
locem^r. ... fatis subripuisse ...

Octaviani Augusti

Convivae, tetricas hodie secludite curas,
Ne maculent niveum nebula corda diem.
Omnia sollicitae vertantur murmura mentis,
Ut vacet indomitum pectus amicitiae.
Non semper gaudere licet, fugit hora, jocemur.
Difficile est Fatis subripuisse diem.

Le Vat. Reg. 317 est un sacramentaire en onciale qui provient de l'Église d'Autun (cf. Delisle, Mém. sur d'anciens sacramentaires, p. 69 sqq.). Au fol. 252 v° on trouve en notes tironiennes une formule bien connue mais mal écrite :

Évidemment l'écrivain a voulu mettre Per *dominum* *Jesum* *filium* *tuum* qui *tecum* *vivit* *et* *regnat* *Deus* *in* *unitate* *spiritus* *sancti* *per* *omnia* *saecula* *saeculorum*. Mais il a tracé à tort une terminaison supérieure à *dominum* qui, du reste, avec une boucle au *d* signifie *domnum*. Il devait tracer verticalement le premier trait de *filium* ([illegible]). *Tecum* doit s'exprimer [illegible] ou au moins, comme dans le Psautier de Wolfenbüttel [illegible] (p. 55, 11), [illegible] (p. 88 v°, 15), [illegible] (p. 108, 1). *Semper* se marque régulièrement [illegible], l'écrivain n'a pas mis le point à la bonne place et a mal formé le p final ; il a employé la terminaison ⁊ au lieu de ´ dans *vivit*, de sorte qu'on ne peut lire que *vivet*. Dans le mot *sancte* il aurait dû placer comme terminaison *i* ou *ti* (⁊) ; enfin *saecula saeculorum* qui doit s'écrire [illegible] est fort mal représenté, le radical étant fautif et les terminaisons placées en haut au lieu de se trouver en bas. Nous avons là un exemple instructif des difficultés que peut nous susciter l'emploi des notes par un scribe ignorant.

14° COLOGNE

La cathédrale de Cologne possède un certain nombre de manuscrits dont les marges sont ornées de notes. On en trouvera la lecture et un fac-similé autographique dans un article de W. Schmitz (N. Archiv. XI, p. 111-121).

TACHYGRAPHIE SYLLABIQUE

Lorsque les scribes ne trouvaient pas dans le lexique tironien les mots qu'ils voulaient exprimer, ils avaient la ressource de les rendre au moyen des syllabes. C'était un procédé précieux surtout pour les noms propres, mais les scribes y recouraient aussi volontiers pour les noms communs, comme nous avons vu plus haut dans un manuscrit de Bobbio. Pour surmonter les difficultés qu'offraient les noms barbares, on avait ajouté au lexique tironien, vers le VIe ou le VIIe siècle, quelques chapitres uniquement composés de syllabes. En voici la liste, diminuée des notes qui ont déjà été relevées plus haut.

SYLLABAIRE

DU LEXIQUE TIRONIEN

N.B. Les terminaisons dont la liste a été donnée ci-dessus peuvent aussi être employées pour les syllabes initiales, et réciproquement.

ab	ig	up
ad	il	ups
ac	ip	
ag	ips	be
al		bes
ap	ob	bu
aps	oc	bus
	og	bae
ec	ol	bac
eg	op	bau
el	ops	bal
ep		bab
eps	uc	bad
	ug	baf
ic	ul	bag

bai	fos	ha
bax	fu	has
	fus	he
cas	fae	hes
cae	forum	hi
cu	farum	his
		ho
das	ga	hos
des	gas	hu
du	ge	hus
dae	ges	hae
	gi	
fa	gis	las
	go	les
fas	gos	lis
fe	gu	lu
fes	gus	lae
fi	gae	lorum
fis	gorum	larum
fo	garum	

ma	po	spa
mas	pos	staha
mo	pu	scaha
mos	pus	spaha
mu	pae	stla
mus	porum	scla
mae	parum	spla
		stlaha
no	qu	sclaha
nu	quis	splaha
nae		stra
norum	ra	scra
narum	ras	spra
	ros	straha
pa	ru	scraha
pas	rus	spraha
pe	rae	
pes		bri
pi	sta	bris
pis	sca	cri

cris	cha	pina
dri	che	
dris	chi	thla
fri	cho	tra
fris	chu	thima
gri		thina
gris	tha	
hri	the	za
hris	thi	ze
phi	tho	zi
phis	thu	zo
phri		zu
phris	chla	
thi	chra	cla
this	cima	cra
thri	cina	cima
thris		cina
	pla	clac
xe	pra	
xes	pima	

Ce syllabaire était encore quelquefois insuffisant. Nous avons une charte de Metz[1], datée de 848, qui contient au verso un résumé de la pièce en 30 lignes de notes tironiennes, déchiffrées par J. Tardif et Julien Havet[2]. Le moine de Saint-Arnoul auteur de ce résumé ne s'est pas contenté de défigurer souvent les formes normales des notes en substituant des angles aux courbes et en donnant aux traits une inclinaison irrégulière, il a imaginé de représenter par un seul signe les expressions composées suivantes.

[signe] ou [signe]	de rebus	[signe]	
[signe]	in pago	[signe]	ad partem
[signe]	id est	[signe]	

1. Bibliothèque Nationale, Collection de Lorraine, Vol. 980, pièce 2.

2. Voir les lectures (avec un facsimilé héliographique) Bibliothèque de l'Ecole des Chartes 1888 ou dans les Oeuvres de J. Havet, t. II.

En outre, il a exprimé les syllabes dont il ne trouvait pas la traduction par les formes suivantes :

ber	gra (?)
bol	nol
cel	nul
dal	ra
dra	rig
dul	sel
fan	tandum
fri	trin
fri	Wa (ou Va)
ger	Wal (ou Val)

Si quelques notes sont formées régulièrement, d'autres sont obscures ou tout-à-fait fautives, par exemple le sigle de <u>ra</u> qui signifie couramment <u>ri</u>. Mais l'exemple de la Charte de Metz est précieux parce qu'il nous autorise à chercher des solutions en dehors du lexique tironien.

Notre connaissance de la tachygraphie syllabique est encore très bornée : le nombre des documents connus est fort restreint et peu de paléographes se sont occupés de ce genre d'étude. Il me semble, cependant, que l'on peut déjà distinguer trois systèmes différents, suivant que la tachygraphie syllabique a été employée en Italie, en France ou en Espagne.

I
SYSTÈME ITALIEN ou LIGURE

La tachygraphie syllabique italienne (nommée ligure par M. Cipolla) a été révélée par Julien Havet qui avait recueilli et déchiffré onze documents, plus ou moins étendus, tous datés du Xe siècle. En voici la liste :

A. Acte de Pavie, 14 juillet 967. Original, Bibl. nat., Collection de Bourgogne, vol. 77, pièce 42. Publié par Bruel, Recueil des chartes de l'abbaye de Cluny, t. II, p. 308, n° 1228. La signature du juge Heginulfus est suivie d'une sorte de monogramme formé par la réunion de quatre notes syllabiques signifiant E-gi-nul-fus :

E est exprimé par les deux points ; on reconnaît ensuite GI dans le demi-cercle suivi d'un trait horizontal ; NUL dans le signe du milieu, FUS dans le trait oblique surmonté d'une courbe.

B. Acte passé à Calloiano en janvier 969. Original à Turin, Bibl. du roi. Fac-sim. dans Miscellanea di storia italiana, t. XXV, pl. 1.

C. Acte d'Asti, 2 oct. 977. Original à Turin, Bibl. du roi. Fac-sim. ibid., pl. II.

D. Acte d'Asti, 8 juillet 987. Original à la cathédrale d'Asti. Publié Historiae patriae Monumenta, Chart. t. I, col. 274. Fac-sim. du verso à la fin du présent volume.

E. Acte d'Asti, 11 mars 986. Original à la cathédrale d'Asti. Publié ibid., col. 297, n° 178. Fac-sim. C.-Rend. de l'Ac. des Inscr., t. XV, 1887 et dans les Oeuvres de J. Havet, t. II.

F. Lettres de Gerbert. Voir l'édition des Lettres publiées par J. Havet dans la Collection de textes pour l'enseignement de l'histoire (Paris, Picard, 8°). Une quinzaine de passages exprimés au moyen de la tachygraphie syllabique, indéchiffrables pour tous les éditeurs antérieurs, ont été lus par J. Havet.

G. Bulle de Silvestre II pour Quedlimbourg, avril 999. Publiée dans Jaffé, Reg. Pontif., 2e éd. n° 3902. Fac-sim. dans J. Havet, L'écriture secrète de Gerbert, pl. I (D) et dans ses Oeuvres, t. II.

H. Bulle de Silvestre II pour Théotard évêque du Puy en Velay, 23 nov. 999. Original à Paris, B. Nat., N.a.l. 2507 (galerie des Chartes, n° 420).

Publiée dans Jaffé, ibid. n° 3906. Fac-sim. Bibl. de l'Ec. des Chartes 1876, Rec. de fac-sim. de l'Ec. des Ch., n° 32, J. Havet, ibid. pl. I (B).

I. Bulle de Silvestre II pour Salla évêque d'Urgel, mai 1001. Original à la cathédrale de la Seo de Urgel. Jaffé, ibid., n° 3918. Publié et décrit par Bruel, Bibl. de l'Ec. des ch. 1887.

J. Bulle de Silvestre II pour Monte Amiata, nov. 1002. Copie aux Archives de Sienne. Jaffé, ib. n° 3925. Fac-sim. dans J. Havet, pl. I (C).

K. Bulle de Silvestre II pour San Cugat del Valles, déc. 1002. Original à Barcelone, Arch. de la corona. Jaffé, ibid. n° 3927. Fac-sim. dans J. Havet, pl. I (A et E).

Les documents G, H, I, J, K ne fournissent que les mots "Bene valete" et "Silvester gerbertus romanus episcopus". Les seuls fournissant plusieurs lignes de texte suivi sont C D E, et D est très obscur.

Julien Havet a néanmoins réussi à définir les principes essentiels de ce système tachygraphique. « Chaque caractère, dit-il, représente une syllabe et pour écrire un mot il faut autant de caractères que le mot a de syllabes différentes. Parmi ces caractères syllabiques, quelques-uns sont entièrement semblables à ceux de l'écriture tironienne. La plupart des autres sont formés avec des éléments empruntés à la même écriture, mais ces éléments sont grouppés d'une façon nouvelle. Le plus souvent, les notes des syllabes qui commencent par une même consonne offrent une même conformation dans la partie du haut et de gauche ... ; inversement, celles des syllabes qui ont une terminaison commune présentent une conformation commune dans la partie que la main trace en dernier, la droite et le bas....

« On paraît avoir cherché d'abord à utiliser dans la mesure du possible les signes fournis par les lexiques tironiens. On a emprunté à ces lexiques non seulement les notes qui composent les chapitres spéciaux du syllabaire, mais encore celles qui expriment des mots monosyllabiques : ainsi la note de la préposition per est employée dans la tachygraphie italienne pour représenter la syllabe per dans tous les mots dont elle fait partie. Par contre, on a éliminé des syllabaires certains signes qui n'avaient pas une forme assez caractérisée (ma, me, mo, pe, va, etc.) : ceux-là ne seraient pas restés reconnaissables dans un morceau tracé avec rapidité. Enfin on a créé toute une série de signes nouveaux composés, comme il a été dit ci-dessus, avec des éléments, les uns empruntés aux notes tironiennes, les autres entièrement originaux ; citons, comme exemple de ces derniers, les deux points (:) pour la voyelle E, le petit cercle au haut des caractères qui représentent les syllabes commençant par une M, etc. »

Voici une liste approximative des caractères employés dans les textes connus de tachygraphie italienne :

	a		cit		fi
	ac		co		fre
	al (?)		con		fri
	am		cos		fus
	an		cur		ga
	as		de		gau
	ber		di		ge
	bi		dic		ger
	bis		do		gi
	bos		dos		gin
	bus		du		gis
	ca		dus		go
	car		e		gra
	cas		et		i
	ces		ex		il
	ci		fe		im

in	na	ple
jo	ne	plus
johannes	nem	po
johannes	nen	por
ju	nes	pos
jus	ni	post
la	nis	pran
lan	no	presbyter
le	no	pro
li	nul	pus
lis	nus	qui
lo	o	quam
ma	oc	ra
mar	ot	re
me	p	ren(?)
men	par	ri
mi	pe	ris
mo	per	ro
mus	pis	rot

s(anc)te	te	tus
sel	tel	u
ser	tēr	va
ses	tēs	val
si	ti	ve
sil	to	vel
sis	tor	ver
so	tre	ves
su	tri	vi
sum	tro	um
ta	trus	un
tar	tu	vo
tat	tur	us

Remarque. — Il va sans dire que dans ce genre d'écriture on peut aussi abréger en supprimant des syllabes, par exemple en écrivant *ar* (pour *archiepiscopus*), *Jo-nes* (pour *Johannes*), *ci-vi* (pour *civitate*), *con* (pour *condam*), *p-tēr* (pour *presbyter*), *s-tē* (pour *sancte*), etc.

SYSTÈME FRANÇAIS
OU TOURANGEAU

Ce n'est pas sans hésitation que je qualifie de français ou tourangeau un système dont je n'ai découvert qu'un seul exemple et dans un manuscrit provenant de l'abbaye de Marmoutier. En effet, il semble que, si ce système eût été en usage, on devrait en trouver la trace dans les chartes de la Touraine qui renferment de nombreux exemples, pour le Xe siècle, de notes tironiennes conformes au système classique, mais nullement de tachygraphie syllabique (cf. J. Havet, La tachygraphie italienne, p. 11). Il serait donc possible que les notes du manuscrit de Marmoutier fussent le simple produit de l'imagination d'un moine s'exerçant à la tachygraphie ou, pour mieux dire, à la cryptographie syllabique. Quoi qu'il en soit, on ne doit pas négliger cet unique exemple, quitte à attendre, pour en tirer des conclusions, qu'on ait trouvé quelque document analogue.

Le manuscrit en question est une partie de la Bible, autrement dit le Livre des Grands Prophètes de l'abbaye bénédictine de Marmoutier, qui, étudié au siècle dernier par les auteurs du Nouveau traité de diplomatique (t. III, p. 176, 251), était devenu la proie de Libri et se trouve aujourd'hui à la Bibliothèque Nationale, Nouv. acq. lat. 1586. Le texte latin des Prophètes est en grosse onciale du IXe siècle (Cf. Delisle, Catal. des mss. des fonds Libri et Barrois, p. 5-7); on a ajouté, dans les marges, soit des notes tironiennes ordinaires, soit des morceaux où se manifeste une tachygraphie syllabique différente de la tachygraphie italienne.

Ce nouveau système a aussi pour base des éléments tirés du lexique tironien, mais il se distingue par une simplicité extrême.

Il est curieux de retrouver ici, à peu près comme dans le système italien, l'usage du point pour exprimer la lettre E dans CE, GE, JE, PE et, si nos textes étaient plus étendus, on aurait probablement 3· = be, 9· = fe, ^· = le, И = ne, 2· = re, S· = se, 7· = te. Un système de cryptographie bien connu consistait à substituer aux voyelles un, deux, trois, quatre ou cinq points suivant qu'on voulait remplacer A, E, I, O ou V. La tachygraphie italienne aura puisé là sa transcription de la lettre E, employant tantôt un point, tantot deux points pour le rendre, et le moine de Marmoutier se contente toujours d'un seul point. C'est au moins une coïncidence fort intéressante de voir dans les deux systèmes une seule voyelle (E) exprimée par le point.

Comme dans le système italien, le commencement des syllabes analogues a toujours la même forme (cf. LA, LEM, LON), ce qui constitue un grand progrès sur le syllabaire tironien, sinon pour la rapidité de l'écriture, du moins pour la simplicité et la facilité de la lecture.

La circonférence initiale qui, dans le système italien, affecte les syllabes commençant par M, se retrouve ici, mais affectée aux syllabes commençant par F, de sorte que :

ꝳ signifie { MA dans le système italien, FA dans le système français.

Les syllabes ne sont pas forcément toutes exprimées, par exemple on trouve : et fac[tum] est, mu[ta]bunt ; sancti se rend par une S barrée ꞩ, à peu près comme dans le ms. de Bobbio étudié plus haut.

Voici la liste des passages du ms. N.a.l. 1586 où j'ai reconnu l'emploi de la tachygraphie syllabique :

Fol. 10 :
Et fa-c[tum] est in XIIII° an-no re-gis Ezechiae

Fol. 16 v° :
qui autem s-pe-rant in Domino mu-t[a]-bunt
for-ti-tu-dinem, [adsument] pin-nas, sicut a[quilae].

Fol. 30 :
Con-sor-ge Con-sor-ge Je-ru-sa-lem.

Fol. 71 :
S(ancti)ti-fi-ca sa-ba-t(um).

Fol. 123 v° :
Su-bi-to ce-ci-dit Ba-bi-lon.

Fol. 160 v° :
Pa-tr-es co-me-de-runt u-vam a-cer-bam.

Fol. 168 v° :
Ver-sa est mihi in s-co-ri-am.

Fol. 183 v° :
De s-pe-cu-la-tu-r[ibus].

Fol. 185 v° :
De pas-to-ri-bus.

Fol. 189 : 7 ɲ ʒ ③ c ꝁ ɥ
Et da-bo vobis cor no-vu[m].

Fol. 194 :) XXV hr ꝁ
In XXV° an-no :

Remarque. – Les notes tironiennes classiques sont encore employées ici pour des mots usuels : cor (c·), et (7), est (–·), qui (q), ɥ (mihi), vobis (③) ; on trouve aussi autem (h/) exprimé comme dans le ms. 238 d'Avranches [Cicéron, de oratore, etc.].

La mutilation des marges supérieures du ms. ne permet pas toujours de lire les notes dans leur intégrité. On peut dresser le catalogue des notes employées, de la manière suivante :

h	a	ʒr-	bunt	2·	ci
hr	an	c	c	∂	co
ʒ	ba	ʒ	ca	?	con
ʒ	bam	c·	ce	2	cu
ʒ	bi	2	cer	ɲ	da

de	nas	si
es	no	su
fa	pa	sicut
fi	pe	sor
for	pin	t
ge	r	ti
je	ra	to
la	ri	tu
lem	ru	tr.
lon	rant	va
me	runt	vi
mu	s	ver
na	sa	vu

Dans le même ms. aux fol. 147 v°, 148 v°, 149 v°, on trouve six fois la note marginale qui signifie vi-de. Ailleurs on y voit des annotations qui relèvent du système tironien ordinaire (par exemple fol. 44 v° et 124).

III
SYSTÈME ESPAGNOL
OU WISIGOTHIQUE

Le ms. F 58 de la Bibliothèque nationale de Madrid est une copie, faite au XVIe siècle, d'un vieux manuscrit d'Oviedo aujourd'hui perdu, dont l'exécution remontait au XIIe siècle. On y lit (fol. 92-95) un petit lexique tironien précédé du titre : « Ex uetustissimo Ouetensi. Incipiunt notas ob eruditionem infantum editas, ut fertur, a Seneca Cordubense poeta ». Un fac-similé autographique des sept pages occupées par ce lexique a été publié par W. Schmitz dans la revue : Panstenographikon, I Bd. 2. Lief. (Leipzig, Wartig, 1869).

L'auteur de ce résumé tachygraphique, en mettant le nom de Sénèque en tête, semble avoir eu la prétention de faire un extrait des Commentarii qui sont parvenus jusqu'à nous avec le nom de ce philosophe, mais bien que la copie subsistante soit fort défectueuse, il y a dans les notes trop de variantes pour qu'on puisse les attribuer toutes à des erreurs de copistes. Je serais porté à croire qu'en Espagne, comme en Italie et en France, il y a eu à une certaine date (probablement entre le IXe et le XIe siècle) une réforme dont le manuscrit de Madrid porterait la trace. Il importe de faire connaître ce système, afin de permettre des rapprochements qui pourront aider au déchiffrement des documents que l'on découvrira ultérieurement.

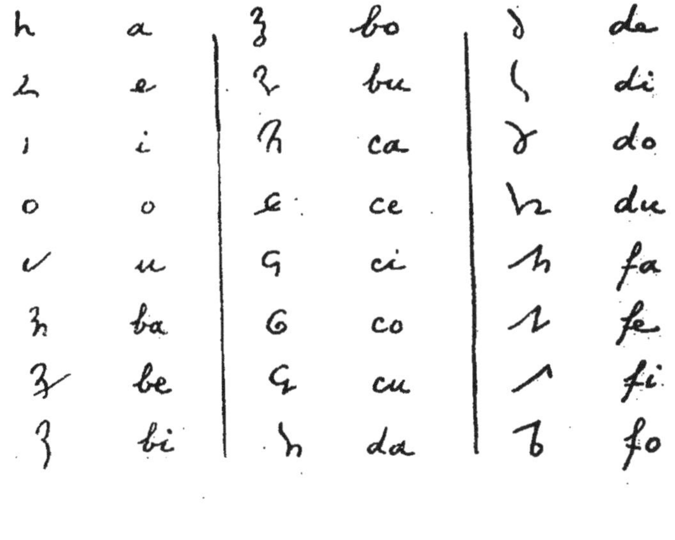

Signe	Valeur	Signe	Valeur	Signe	Valeur
h	a	ʒ	bo	ȣ	da
ɩ	e	ʔ	bu	ʕ	di
ı	i	ɦ	ca	ɤ	do
o	o	ɛ	ce	ʮ	du
✓	u	ɋ	ci	ɥ	fa
ʒ	ba	6	co	ɿ	fe
ʓ	be	ɋ	cu	ʌ	fi
ʒ	bi	ɧ	da	ƃ	fo

fu	lu	quo
ga	ma	quu
ge	me	ra
gi	mi	re
go	mo	ri
gu	mu	ro
ha	na	ru
he	ne	sa
hi	ni	se
ho	no	si
hu	nu	so
ia	pa	su
ie	pe	ta
io	pi	te
iu	po	ti
la	pu	to
le	qua	tu
li	que	va
lo	qui	ve

vi
vo
vu
ixa
ixe
ixi
ixo
ixu
hac
haec
hic
hoc
huc
ag
eg
ig
og
ug
al

el
il
ol
ul
an
en
in
on
un
ap
ep
ip
op
up
ar
er
ir
or
ur

au
eu
fas
fes
fis
fos
fus
gas
ges
gis
gos
gus
pas
pes
pis
pos
pus
bra
bre

bri	gri	stro
bro	gro	stru
bru	gru	za
cra	pra	ze
cre	pri	zi
cri	pro	zo
cro	pru	zu
cru	tra	(i)psa
dra	tre	(i)pse
dre	tri	(i)psi
dri	tro	(i)pso
dro	tru	(i)psu
dru	sta	bla
fra	ste	ble
fre	sti	blo
fri	sto	blu
fro	stu	cla
fru	stra	cle
gra	stre	cli
gre	stri	clo

clu	atur	ruunt
fla	etur	verint
fle	itur	rint
fli	bit	rim
flo	bitur	verim
flu	batur	ram
gla	retur	veram
gle	ant	rat
gli	antur	verat
glo	ent	ris
glu	entur	iris
pla	unt	veris
ple	untur	reris
pli	bunt	seris
plo	buntur	vero
plu	bant	verax
	bantur	sed
	rent	visset
	rentur	sem

vissem	vere	àtas
sent	eris	amus
vissent	beris	bamus
se	aris	ramus
visse	baris	veramus
ses	ans	emus
visses	ens	remus
setis	es	imus
vissetis	tes	rimus
semus	is	veremus
vissemus	tis	atis
em	bis	batis
im	us	ratis
um	bus	veratis
bar	tos	etis
bor	bos	retis
are	as	itis
bare	tas	bitis
sere	bas	ritis

veritis	tori	carum
amur	oris	dinem
bamur	toris	dines
emur	orem	dinibus
remur	torem	entis
imur	orum	entem
bimur	torum	enti
amini	trum	entium
bamini	tarum	entia
bat	ores	entiam
bam	tores	entes
it	oribus	entibus
vit	toribus	lus
tor	undus	lum
ore	bundus	lis
tore	cis	lem
ora	cos	les
tora	cas	libus
ori	corum	lite

lium	rus, rius	ento
lios	ram, riam	unto
lam	rum, rium	tatis
las	ros, rios	tate
lorum	rarum, riarum	tatem
larum	visti	tati
nes	istis	tatium
nas	vistis	tatibus
norum	sos	tates
ne, tione	sas	trix
ni, tioni	sorum	tricis
num, tionum	sarum	tricia
nes, tiones	sius	uros, turos
nibus, tionibus	ito	uras, turas

En dehors du syllabaire, on trouve encore des différences sensibles dans les radicaux ou dans les mots usuels, par ex. = igitur, = ergo, = erga, = quem, = quam. Les formes s'arrondissent, comme dans le système italien, par ex. = post, = postea, = penes, = penetrat, = postulat, etc.

EMPLOI
DES NOTES TIRONIENNES
DANS LES DIPLÔMES

On trouve souvent, dans les diplômes mérovingiens et carolingiens, soit à la suite du texte, soit dans la ruche qui suit la souscription, un petit nombre de caractères qui tiennent à la fois des notes tironiennes et de la tachygraphie syllabique. Les mots usuels sont ordinairement exprimés au moyen des notes consacrées par l'usage classique. Ainsi on trouvera :

abbas	firmari	ou presbyter
abba	jussit	recognovi
archidiaconus	magister	relegi
diaconus	notarius	rex
cancellarius	major	scripsi
clericus	majore	ou subscripsi
fieri	ordinanta	ad vicem
	praeceptor	in vicem

Mais les noms propres (et rarement les noms communs) peuvent avoir autant de signes qu'ils comportent de syllabes. L'usage ancien, d'après lequel les syllabes d'un même mot étaient réunies par un trait supérieur, est peu observé.

Les notes tironiennes, servant à donner aux diplômes une preuve d'authenticité, sont disposées de manière à ne pas être comprises du vulgaire. Assez souvent elles sont dissimulées dans la ruche, jointes à des traits dépourvus de signification quoique semblables à des S ou à des B. Si beaucoup de notes tironiennes n'ont pas encore été déchiffrées, en revanche on a signalé et même lu quelquefois des caractères tironiens dans des diplômes dont la ruche ne contient que des signes fantaisistes accompagnant un paraphe.

Le notaire a parfois troublé à dessein l'ordre des syllabes ou des mots, ce qui complique beaucoup le déchiffrement.

En résumé du VIIe au Xe siècle, en France et en Allemagne, on a employé pour les diplômes des notes tironiennes qui doivent pouvoir se lire avec les ressources du lexique tironien, mais qui sont quelquefois difficiles à reconnaître.

L'étude est ici plus ardue à cause de l'insuffisance des fac-similés. Les lithographies exécutées d'après le dessin d'un calligraphe, qui naturellement ne les comprenait pas, ne sauraient être très exactes, et les fac-similés obtenus par un procédé photographique sont quelquefois obscurs, surtout si l'original lui-même, en papyrus ou en parchemin jauni, se trouve déjà détérioré et si l'encre est effacée par l'effet du temps.

DIPLÔMES MÉROVINGIENS

L'écriture mérovingienne par l'irrégularité de ses caractères, l'exubérance de ses hastes et de ses queues, l'originalité de certains détails est une des plus difficiles et exig. du lecteur une attention soutenue. Il n'est pas étonnant que les notes tironiennes tracées avec la même négligence ou la même fantaisie résistent encore aux efforts des paléographes.

Des diplômes mérovingiens « trente-sept nous sont parvenus en original ... Il est d'ailleurs facile de les étudier. Tous sont conservés à Paris, 36 aux Archives Nationales, 1 à la Bibliothèque nationale. Tous ont été reproduits en fac-similé, dans la publication de Letronne [1], dans celle de Tardif [2] ou dans la collection de l'École des Chartes [3] » [J. Havet, *Oeuvres*, t. I, p. 2].

---

1. Diplomata et chartæ Merovingicæ ætatis in archivo Franciæ asservata ... Paris, s. d., gr. f°. Collection connue sous le nom de *1re série* des fac-similés des Arch. Nat.
2. Fac-simile de chartes et diplômes mérovingiens et carlovingiens, etc. Paris, J. Claye, 1866, gr.-fol. Autrement dit *2e série* des fac-similés des Arch. Nat.
3. Série lithograph., n° 106, pl. XXIV.

Voici la liste, avec l'indication des fac-similés, des vingt-sept diplômes semblant contenir des notes tironiennes.

N° de Tardif, Mon. histor.			Fac-similé	Cote
4	Clotaire II,	an 625.	2e sér. pl. 4.	K. 1, 7
11	Clovis II	654	1e sér. pl. 9.	K. 2, 3
20	Thierry III	679-680	— pl. 16.	K. 2, 12
21	id.	id.	— pl. 17.	K. 2, 1
22	id.	id.	Palæogr. Society, I, pl. 119 et Reusens, Pal. lat. pl. 7.	K. 2, 13
23	id.	681	1e sér. pl. 19.	K. 2, 14
25	id.	690	— pl. 20.	K. 3, 2
28	Clovis III	691	— pl. 24.	K. 3, 3
30	Id.	692	— pl. 25.	K. 3, 4
31	Id.	692	— pl. 26.	K. 3, 5
32	Id.	692	— pl. 27	K. 3, 6
33	Id.	693-694	— pl. 28	K. 3, 7
34	Childebert III	695	— pl. 29	K. 3, 8
35	Id.	695	Album paléogr. p. p. la Soc. de l'Éc. des Ch., pl. 10	K. 3, 9
37	Id.	696	1e sér. pl. 32	K. 3, 10

N° de Tardif			Fac-similé	Cote
38	Childebert III	an 697	1re sér., pl. 33	K. 3, 12
	Id.	697	Collection lith. de l'Éc. des Ch. n° 106.	Bibl. nat. lat. 9007
41	Id.	700	2e sér. pl. 41	K. 3, 12³
42	Id.	703	1re sér. pl. 35	K. 3, 13
43	Id.	709	— pl. 36	K. 3, 14
44	Id.	710	— pl. 37	K. 3, 15
45	Id.	710	— pl. 38	K. 3 16
46	Chilpéric II.	716	— pl. 39	K. 3, 17
47	Id.	716	— pl. 40	K. 3, 18
48	Id.	716	— pl. 41	K. 3, 19
49	Id.	716	— pl. 42	K. 3, 20
50	Id.	717	— pl. 43	K. 4, 3

Kopp, Tardif et J. Havet ont proposé des lectures pour une douzaine de ces diplômes (Cf. d'Arbois de Jubainville, Bibl. de l'Éc. des Ch. 1880, p. 85; J. Havet, Oeuvres, II, p. 459). Je donnerai seulement quelques exemples dont le déchiffrement peut être regardé comme certain.

I.

Diplôme de Thierry III, 12 sept. 679-680 (Fac-sim. Letronne, 1re sér. pl. 16) :

J. Havet a lu : ordinante E-bro-i-no majore domus. Le scribe, au lieu de recourir à la finale régulière ne, a employé le signe de la préposition ante, ce que Kopp (I, 375) avait déjà remarqué dans un autre diplôme mérovingien. La désinence ore de majore est fort négligée, mais la lecture n'est pas douteuse.

II.

Diplôme de Thierry III, 30 oct. 690 (Fac-simile, Letronne, 1re sér. pl. 20) :

Kopp (I, 375) reconnaissant les caractères ...... lisait : Scripsit ... le-us et Bere-n-rius majore domus legit. Tardif (Mon. hist. n° 25) adopte : ordinante ... le et Bercario majore domus. Il semble difficile de renoncer à rius (rio = ?) et on a, après domus, un signe qu'il faudrait traduire.

La lecture de Tardif ordinanta est probable, mais on y arrive plutôt par la diplomatique que par la paléographie.

III.

Diplôme de Childebert III, 13 déc. 695 (Fac-similé, Letronne, 1re sér., n° 24) :

Kopp lisait (I, 375) le premier signe impetratum en supposant une faute pour [illegible] ; Tardif adopte in perpetuum, ce qui ordinairement s'écrit [illegible]. Cette lecture n'est donc pas encore certaine.

A la ligne suivante Kopp proposait operante ; il est plus probable que Tardif a bien lu :

ordinanta Pi-pi-no majore domus.

Dans le trait placé au-dessus du dernier mot Kopp voyait [illegible] et lisait « domus clarissimae ».

IV.

Diplôme de Childebert III, 3 avril 697 (Fac-similé, Collect. lithogr. de l'Ecole des Chartes, n° 106) :

La lecture de J. Havet : In-nomine Christo. [In-nomine s'écrit régulièrement Vi] Ordinante Pi-pi-no majore domus .... est irrécusable. Il reste à la fin seulement un signe embarrassant, comme dans les exemples précédents.

V.

Diplôme de Childebert III, 25 déc. 695 (Fac-sim. 1e série, pl. 30 et mieux Album paléographique, pl. 10).

J. Havet lit : In Christo nomen. Rigi... (ou Rihi...) re-cognovit.

La syllabe ri (~y) bien clairement exprimée a permis de rectifier la lecture adoptée dans la transcription du document lui-même (Righinus au l. de Sighinus). Le signe y ressemble à gi (G) et à hi (H), on ne peut dire auquel le scribe a donné la préférence.

VI.

Diplôme de Childebert III, 13 déc. 710 (Fac-simile 1e série, pl. 37):

Kopp (1, 370) a reconnu les caractères suivants :

[illegible]

... Gri-mu-al-do majora domus.

VII.

Diplôme de Childebert III, 14 déc. 710 (Fac-simile, 1re série, pl. 38). A la suite de la souscription Dagobertus advice Angilbaldo.

& an.

[illegible]

il me semble que l'on peut reconnaître au moins :

[illegible]

Da-ga-ber re-cognovi.

DIPLÔMES CAROLINGIENS

De même que l'écriture, dès les Carolingiens, devient plus régulière et plus lisible, l'emploi des notes tironiennes dans les diplômes est moins obscur. Dans la seconde moitié du VIIIe siècle et durant tout le cours du IXe on a placé dans les ruches ou ailleurs des caractères tironiens faciles à lire.

I

Pépin, maire du Palais, 20 juin 751 (Fac-sim. 1re série, pl. 45 et mieux Paleograph. Society, I, pl. 120).

[illegible]

J. Havet a parfaitement lu Bra-i-co fiere (sic) jussòt.

II

Carloman, an 769 (F.sim. lith. de l'École des Chartes, n° 514 et Kaiserurkunden in Abbild., ser. III, taf. 1).

[illegible]

On reconnaît clairement avec Kopp (I, 379) :
Ma-gi-na-rius recognovi.

III

Charlemagne, 5 janvier 775 (F.s. Kaiserurkund., I, taf. 2)

[illegible]

Hitherius subscripsi recognovi
(le nom propre au milieu)

IV

Charlemagne, 25 oct. 775 (F.s. Kaiserurkund., I, taf. 3). Exemple très curieux. L'ordre des notes a été bouleversé à dessein. Kopp lui-même (I, p. 374-383) n'était pas arrivé à résoudre toutes les difficultés :

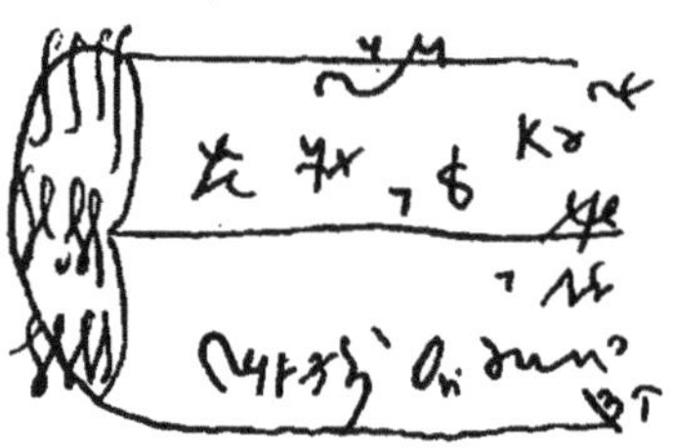

Il faut lire dans l'ordre suivant

Wi-h-bal-dus advicem Hitheri recognovi et subscripsi

ordinante domno meo Karolo rege Francorum et

Fulrado ambasciante.

V

Charlemagne - déc. 781 (F.s. Kaiserurkunden, VII, taf. 1).

Wi-do-la-i-cus [ad vicem]

Ra-do-nis relegi et

subscripsi. Obtulit(?) Rado. regi(??).

La lecture de M. Sickel obtulit (au lieu de [illegible]) est paléographiquement douteuse et, sur le facsimile je ne vois rien de semblable à regi. Kopp (1,384) traduisait les trois dernières syllabes par Fol-ra-dos, nom d'un abbé de St Denys.

VI

Charlemagne – 28 juil. 782 (Fs. Kaiserurkund., I, taf. 4).

Wibbaldus prend plaisir à troubler l'ordre des mots. On doit lire :

Wi – bal – dus advicem Radoni (ou -nis) recognovi

et subscripsi.

VII.

Charlemagne – 7 nov. 785 (Original aux Arch. Nat.)

Kopp (I, 384) y a relevé : Wib – bal – dus advicem

Radonis recognovi et subscripsi ordinante domno

rege per An ou Le – vir – dum.

VIII

Charlemagne, 31 mars 797 (Fs. Album paléogr., pl. 16).

J. Havet a déchiffré :

Christus Hiesus.
Er – can –
baldus relegi
et subscripsi.
Magin-phri-dus
am-bas-ci(a)vit

IX

Gisele, soeur de Charlemagne — 13 juin 799 (F.s. Mabillon, de re dipl., tab. XXIV, 2 et mieux Kopp, I, 385).

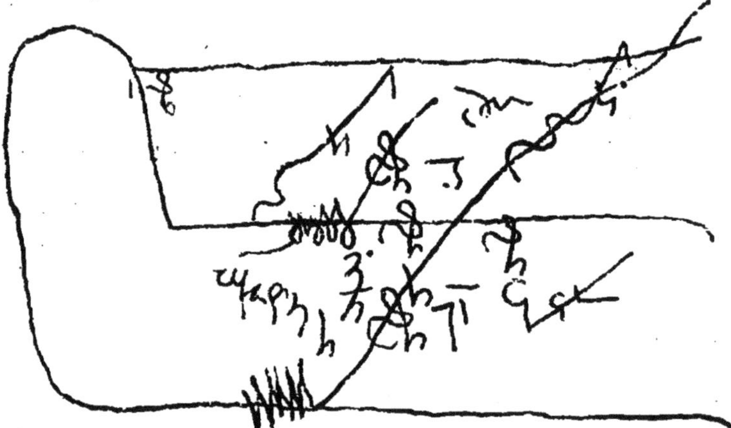

On reconnait
vui-ne-ra-dus cancellarius jussus

a praedicte domne gis-si-le recognovi.

X

Charlemagne, 15 Sept. 802 (orig. aux Archives de Cassel). Kopp (I, 386, § 396) a reconnu :

Genesius ad vicem Erc-ca-an-bal-di recognovit

et scripsit. Et à la fin :

Fieri documentum imperator praecepit.

XI

Charlemagne, 1 déc. 811 (environ). (Orig. aux archives de Wurzbourg, f.s. Kopp I, 386). Dans la ruche :

Cr 8 Suavis scripsi

XII

Charlemagne, 9 mai 813 (f.s. Falke, trad. Corbeiens. p. 377).

Kopp (I, p. 387, § 398) reconnait les caractères suivants :

Anno tredecimo imperii Kā-ro-li in viam

Hiremine Vui-thae-rius diaconus subscripsi.

Gun-dr[a]-dus am-bas-ci-a-vit.

ou d[a]r

XIII

Charlemagne, 9 mai 813 (f.s. Kaiserurk., I, taf. 5)

Anno tredecimo imperii domni

Karoli serenissimi augusti

Whitherius diaconus subscripsi.

Gundardus am-bas-ciavit

chy

XIV

Louis le Pieux (ou le Débonnaire), 28 août 816.
Cf. Kopp, I, p. 387 § 399 [f.sim. à la fin de son t. I].

On reconnaît aisément :

Dur-an-dus diaconus in vicem

H(e)l-li-sa-ca-ar recognovi

et subscripsi.

XV

Louis le Pieux, 16 mars 819 (f.s. Musée des Archives départementales, pl. IV).

Dur-an-dus diaconus advicem

Hel-li-sa-ca-ar recognovi et subscripsi.

XVI

Louis le Pieux, 20 janv. 820. Kopp, I, 388, § 400, lit à la suite du texte du document :

H(e)l-i-an-dus am-bas-ci-a-vit et magister

scribere jussit.

XVII

Louis le Pieux, 6 nov. 821. Kopp, I, 389, § 402:

Hil-du-inus amba-ci-a-vit et Fri-du-gi-sus magister scribere et firmare rogavit.

XVIII

Louis le Pieux et Lothaire, 27 oct. 826 (environ).
Kopp, I, 392, § 404 (f.s. à la fin du t. I de Kopp).

Dur-an-dus diaconus in vicem Fri-du-gi-si recognovi et subscripsi.

XIX

Pépin roi d'Aquitaine, 27 sept. 827. Kopp, ibid., § 405.

Saxbodus diaconus ad vicem Aldrici recognovit.

Dans le premier mot, le trait oblique au dessus de Sa, coupant la courbe supérieure, exprime X. Pour le mot recognovit, le scribe a employé RE-C.... vit, au lieu de recourir au signe ordinaire.

XX

Louis le Pieux et Lothaire, 26 févr. 828. Kopp, I, 393, § 406.

A-da-lul-fus recognovi et subscripsi.

Hil-du-i-nus amb[ascia]vit anno quintodecimo imperii Domini.

XXI

Louis II, 27 mars 832 (f.s. Kaiserurkund., I, taf. 9)

A la fin du texte :

Ad-al-ram-mus archiepiscopus et Arn(us)tus et V-ver-na-rius am-bas-ci-a-verunt.

Dominus rex ita scribere jussit.

Les syllabes du mot "ambasciaverunt" sont surmontées d'un trait, comme celles du nom "Adalrammus", suivant l'ancien usage.

Dans la ruche du même diplôme:

Ad-al-le-o-dus diaconus advicem

Ga-us-bal-di recognovi et subscripsi.

XXII

Louis le Pieux, 1 juin 833 (f.s. Kaiserurkund., I, taf. 6).

Huc-ber-tus

et E-bo impetraverunt.

XXIII

Louis le Pieux, 10 juin 833 (f.s. Nouveau traité de diplomatique, t. V, pl. 93).

Megi-na-rius notarius

advicem Te-o-to-nis recognovi et subscripsi.

XXIV

Louis II, 17 févr. 836. Kopp, I, p. 394 sq., § 408:

Ad-al-le-o dus diacon' invicem Gri-mal-di.

XXV

Louis le Pieux, 23 janv. 839. Kopp, I, p. 397, § 411.

Glorius notarius ad vicem .... jussus ab

Hir-mi-in-ma-ro his ipse sigill...

Magister ambas-ci-a-vit.

XXVI

Louis le Pieux, 18 févr. 839. Kopp, I, p. 398, § 412.

Hir-min-ma-ris dictavit et scribere jussit et firmare

rogavit. Et dans la ruche :

Bar-tho-lo-me-us notarius invicem Hu-g(o)nis

recognovi et subscripsi. Magister Hu-go

scribere et firmare praecepit.

XXVII

Louis le Pieux, 20 juin 839. Kopp, I, p. 400, § 413.

Da(ni)el notarius atque subdiaconus

invicem Hugonis recogn. et s.
Hir(min)ma(r)is mag. fieri jussit
qui et sigillavit.

XXVIII

Louis II, 28 oct. 844 (f.s. Kaiserurkund., VII, taf. 3).

A la fin du texte :

Domnus rex fieri jussit.

Dans la ruche :

Co(mea)tus notarius advicem
Rat-le-ici
recognovi et subscripsi.

XXIX

Louis II, 31 oct. 843 (f.c. Kaiserurkund., VII, taf. 2).

Cf. Kopp, I, p. 406, § 416. — A la fin du texte :

Domnus Ludovicus ipse sapientissimus rex
fieri jussit et Rat-le-i-cus magister scribere
praecepit.

Dans la ruche du même diplôme :

Co(mea)tus notarius ad vicem
Rat-le-i-ci recognovi et subscr.

XXX

Charles le Chauve, 10 mai 841 (Original aux Arch. du Loiret. Photogravure à l'Ec. des Hautes Etudes).

Me-gi-na-rius notarius advicem Lu-do-vi-ci

Le reste de la souscription est caché par le sceau.

XXXI

Charles le Chauve, 27 déc. 844 (Original aux Archives du Loiret. Photogr. à l'Ec. des H. Etudes).

Jo-nas notarius advicem
Ludo(vici)
recognovi et subscripsi.

XXXII

Charles le Chauve, 7 août 846. Kopp, I, p. 406:

Ludovicus praeceptor fieri jussit.

XXXIII

Charte privée de Frotgarius, 1 mars 847 (don au monastère de St Denys). Kopp, I, 406, § 418 :

Rik-hardus indignus le-vi-ta et monachus.

XXXIV

Charles le Chauve, 16 janv. 849. Kopp, I, p. 407.

Praeceptor Lu-do-vi-cus fieri jussit.

XXXV.

Échange entre Louis abbé de St Denys et Fulco. 30 mai 852. Kopp, I, 407, § 421 :

Wini-gi-sus notarius scripsit. Ful-co dedit.

XXXVI

Charles le Chauve, 12 juillet 854. Kopp, I, p. 408, § 422.

Ludo-wicus am-bas-ci-a-vit.

XXXVII

Charles le Chauve, 6 mars 861. Kopp, I, p. 409, § 425.

Hlu-do-wi-cus abbas fieri jussit.

XXXVIII

Synodus Pistensis, an. 861 (f.s. Mabillon, de re dipl. tab. LIV). Après les mots TRICORX ECCLESIAE

humilis episcopus subscripsit.

Cf. Kopp, I, p. 408.

XXXIX

Synodus Suessionensis, an. 862 (f.s. Ibid., tab. LV). Cf. Kopp, I, p. 409, § 426 :

Erchenrarus Ca-ta-la-u-no-rum.

XL

Charles le Chauve confirme un échange entre l'abbé de St Denys et Gilduin, 15 mars 863. Kopp, I, p. 410, § 427 :

Gos-le-nus abbas impetravit.

XLI

Charles le Chauve, 28 juin 870. Kopp, I, p. 410, § 428.

An-gel-uui-nus am-bas-ci-a-vit.

La syllabe ci (au lieu de c) est beaucoup trop anguleuse et par conséquent fautive. C'est du reste dans l'emploi des mots usuels que les scribes se permettent le plus de licences.

XLII

Charles le Chauve, 20 avril 872. Kopp, I, p. 410, § 429.

gos-li-nus abba am-bas-ci-ha-vit.

XLIII

Louis III, 22 mai 877. (f. s. Kaiserurkund., VII, taf. 11).

Wu-ol-fe-rius scripsi et subscripsi.

On voit, ici, que la connaissance des notes est en décadence. Wu signifie régulièrement Wi. De plus scripsi ressemble trop à scripsit, et subscripsi est déformé.

XLIV

Arnulf, 13 mars 888. Kopp, I, 411, § 430.
Dans la ruche, deux fois le nom du notaire :

As-per-tus As-per-tus.

XLV

Les notes tironiennes servaient aussi pour inscrire, au dos des chartes, le sommaire du contenu. On a déjà observé le même usage sur le verso de plusieurs pièces d'Asti (voy. Tachygraphie italienne).

Au dos d'un diplôme de Charles le Chauve, 19 sept. 862 (cf. Kopp, I, 427, § 449) :

Praeceptum domni Karoli regis de stipendiis fratrum.

XLVI

Au dos d'une charte de Louis le Bègue, 24 mars 878 (Kopp, I, 428, § 450) :

HLUDOLI MERLAU
Exemplar praecepti domni Hludo(vi)ci regis ex villa Merlau.

XLVII

A partir du Xe siècle les notes tironiennes sont moins employées dans les diplômes, surtout en Allemagne. Quant on en trouve encore, elles s'éloignent de plus en plus des règles et la fantaisie règne en maîtresse.

Louis IV, 7 août 902 (f.s. Kaiserurk., I, taf. 13).

On sait que le scribe a voulu écrire :

Ernustus notarius scripsi et subscripsi

Mais le 1er signe ressemble à conscripsit et les 2e, 3e et 5e caractères sont très fautifs.

Dans les Kaiserurkunden, I, pl. 14 et 15, nous trouvons encore deux exemples du même notaire:

(pl. 15)

La souscription de la pl. 14 est pire, s'il est possible.

Le même Ernustus cancellarius a signé un diplôme de Louis l'Enfant, fils d'Arnulf, le 9 juillet 903 (f.c. Kopp, t. I, en face la p. 413); il a sans doute prétendu écrire *Ernestus notarius subscripsit.*

XLVIII

Le signe dépourvu de sens adopté par Ernustus se retrouve dans un diplôme de Conrad I (an. 913; f.s. à la fin du t. I de Kopp, pl. 4), alors même que le notaire se nomme Sidon.

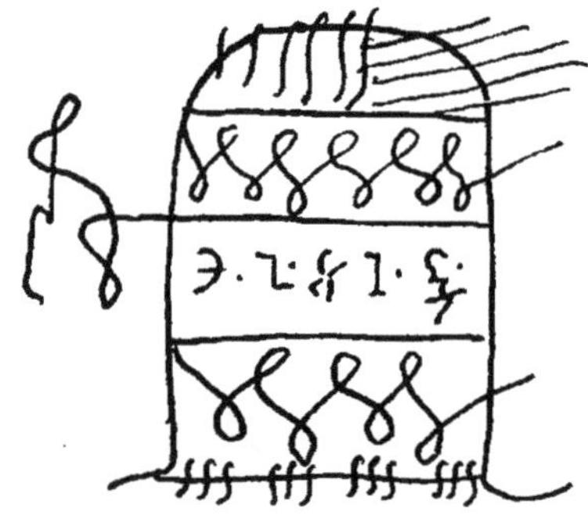

Des notaires qui n'avaient plus aucune connaissance des notes tironiennes, voulaient encore donner aux documents qu'ils exécutaient l'apparence des signes d'authenticité qu'ils voyaient employés par leurs prédécesseurs ; ils imitaient une ruche quelconque, en reproduisant mal des caractères qu'ils ne comprenaient plus. A. Giry (Manuel de diplom., p. 522, not. 3) cite une charte de Lothaire du 11 déc. 954, conservée aux Archives de l'évêché de Gand, dont les notes tironiennes sont illisibles, ayant été maladroitement imitées d'un diplôme de Louis le Pieux (13 avril 819) conservé aux mêmes Archives.

La présence de notes tironiennes fautives est un des indices qui permettent au diplomatiste de déclarer faux un document. Par exemple Kopp, I, 432, § 456 mentionne un faux diplôme de Louis le Pieux conservé à Cassel (f.s. à la fin du t. I de Kopp, pl. 7) dans lequel on a imité une souscription de Comeatus ? (cf. plus haut), alors que le nom du notaire écrit dans le document est Durandus.

XLIX

Kopp, I, 414, § 436, cite une souscription dans laquelle le notaire a voulu écrire

Simon notarius scripsit et subsignavit

au moyen des caractères

[notes tironiennes]

ce qui devait s'écrire régulièrement

[notes tironiennes]

C'est dans un diplôme d'Henri I (916-936). Voy. Kaiserurkunden in Abb., I, pl. 21.

De même dans un diplôme d'Otton le grand, de l'an 941 (f.s. Kopp, p. 416).

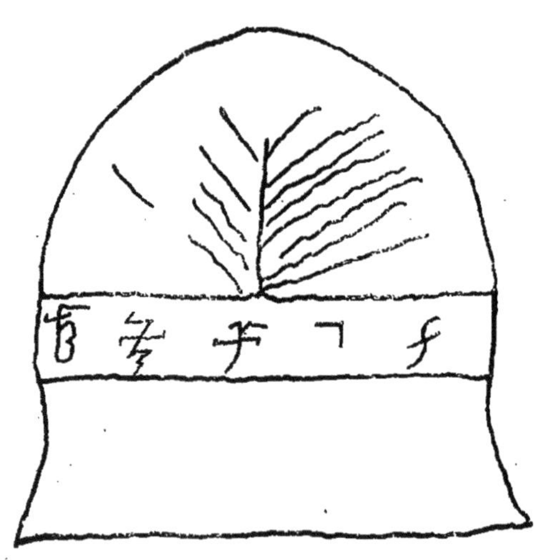

on a voulu transcrire

Brun cancellarius recognovit et scripsit, mais dans les caractères 1 et 3 on a eu recours aux lettres B et r de l'alphabet usuel, et le second est loin de sa forme normale

Un autre notaire du temps de Henri I s'était composé un signe pour exprimer son nom Poppo (cf. Kopp, I, 416, § 436). On en voit plusieurs exempl. dans les Kaiserurkunden in Abbild., I, taf. 22, 24, 25, 27, 28, 29. Le même écrivait (Kaiserurk., I, taf. 23).

L

Cependant en France, et surtout en Touraine, on trouve encore une certaine connaissance des notes tironiennes au Xe siècle. Voir A. Salmon (Bibl. de l'Éc. des Chartes, 2e sér., t. I, p. 436 ; Ch. de Grandmaison (Ibid., t. XLVI et XLVII).

Une charte de l'archevêque de Tours Téotolon (de l'an 939) est reproduite en héliogravure dans le Musée des Arch. départ., pl. X, n° 12. Les signataires font suivre leur nom de leur titre en notes, clericus, diaconus, sacerdos, [illegible] *presbyter*, [illegible] *archidiaconus*, etc. L'archevêque souscrit le premier : ΘΗΩΘΩΛΩ [illegible], ce qu'il faut lire :

ΘΗΩΘΩΛΩ *misericordia* *Dei* *humilis* *archiepiscopus* *huic* *manui* *firme* *subscripsit*. (on a lu à tort « manu propria »). La dernière ligne INGELBERTUS [illegible] *sacerdos* *praesens* *fuit* *et* *rogatus* *scripsit* *et* *subscripsit* n'a pas toujours été bien lue.

Dans une charte semblable (août 941) publiée avec fac-sim. lithogr. Bibl. de l'Éc. des Chartes, 1844, p. 449, on voit ΘΗΩΘΩΛΩ [illegible] : ΘΗΩΘΩΛΩ *misericordia* *omnipotentis* *Dei* *Turonorum* *humilis* *archiepiscopus* *rogatus* *subscripsit*, et à la dernière ligne :

ERBERNUS [illegible], c'est-à-dire *indignus* *diaconus* *rogatus*, etc. Le trait initial de la haste de « indignus » (régulièrement [illegible]) est, comme souvent, un peu accentué, et si le fac-similé est exact, la terminaison *us* est écrite à l'envers, mais c'est à tort qu'on a reconnu là le mot « vicecancellarius ».

INTRODUCTION

A LA LECTURE

DES

NOTES TIRONIENNES

PAR

ÉMILE CHATELAIN

PLANCHES

PARIS, CHEZ L'AUTEUR

1900

TABLE DES PLANCHES

EXPLICATION DES PLANCHES

PLANCHE I

Bernensis 357, fol. 32 v°. Dans le blanc d'une colonne laissée incomplète, après des discours de Salluste, se trouvent diverses règles de grammaire résumant brièvement le texte de Priscien.

PRISCIANUS IN LIBRO DE TEMP[ORIBUS] VERBORUM[1].

Praeteritum inperfectum *tempus nominamus in quo res aliqua* coepit geri necdum || *tamen est* perfecta; preteritum vero perfectum *in quo res* perfecta *monstratur*; || praeteritum plus quam perfectum *in quo jam* pridem *res* perfecta *ostenditur*.

ITEM.

Hoc[2] videtur inter gerundia *et nomina, ut* Priscianus *vult, vel*, ut alii volunt, || participia *quorum nominativus*[3] *in* dus profertur, interesse, *quod* quando sunt || nomina, simili casui adjunguntur et discernunt *genera* || *ut* « intellegendi Homeri *gratia* » et « amandae *virtutis causa* » et « emendi || mancipii studio veni ». Quando vero *verba* gerundia sunt, || nec *genera* discernunt nec numeros, *et illum sequuntur casum quem et verba* || a quibus *nascuntur, ut si dicam* « intellegendi Homerum *causa venio* » *et* « *amandi* || *virtutem causa* laboro » et « emendi mancipium *causa venio* ». Similiter ||

PLANCHE I. — 1. Cf. Grammat. lat., ed. Keil, II, 406, 3.
2. Cf. ibid., 410, 14.
3. Au lieu de la désinence *us* indiquée dans le lexique tironien, on trouve ici *vus*.

dicimus « intellegendo Homerum profeci », « Amando *virtutem* || legi » et « *invidendum*[4] *nobis non est.* » Et minime nocendum *virtuti* » et superiora, i. in « di » vel « do » finientia, inferiora vero || dativo adjunguntur, id est quæ in « dum » desinunt.

Lectum vero eandem *significationem habet quam* et in « dum » desinens *cum praepositione* « ad ». || Quid est *enim* « venatum eo » nisi ad venandum? Lectu vero *videtur* || *esse* ablativus *ipsius rei que est* « lectio » *et habet ipsum sensum.* Quid est *enim* || « miserabile visu » nisi « visione » ?

Supina[5] vero *dicuntur haec* gerundia, *quia a passivis* participiis, || *quae* quidam supina nominaverunt, nascuntur.

Même manuscrit, fol. 25. Une page blanche a été remplie par des extraits semblables :

Et[6] *illa* quidem *quae ab* activis et *communibus veniunt communem habent significationem.* || Virgilius : « Cantando tu illum » active protulit. Idem : « Frigidus || in pratis c[antando] r[umpitur] a[nguis] » passive *dixit.* Quae vero a neutris || *et* deponentibus simplices *habent* significationes.|| Quod[7] vero *haec quoque* nomina sunt ostendit praepositio, *quae frequenter* in- || venitur *ante* accusativum *et ablativum :* ad venandum *et in* venando. || Venatum vero *et* venatu *frustra* carent praepositionibus, *quia ad* || locum *et* de loco *significant, quemadmodum et nomina*[8] *civitatum* locum *significantia carent* || præpositionibus.

In[9] libro de praeterito perfecto : In omnibus *verbis* dissillabis || quibus *interposita* est consonans, si pares sint in praesenti *et praeterito* sillabae, || penultima vel natura vel *positione* producitur ut juvo, juvi; lego, legi; || laedo, laesi per dipt[ongum]. Reperio in *praesenti* per *unum* p, *in perfecto* conduplicatur p, || ut repperi. Mulgeo, mulcxi *facit.* Bibo, bibi, corripitur || penultima in utroque. Plico[10], plicas, plicui vel plicavi. Ab eo *composita* || cum *praepositione* per ui divisas *faciunt praeteritum* ut explico, explicui, cum *nomine* per avi, || ut triplico, *triplicavi.* Et absisto et absto abstiti facit *praeteritum.*

4. Le radical du mot *invidendum* devrait avoir une boucle dans le bas; la lecture étant obscure, on a transcrit ce mot en lettres.
5. Cf. Gramm. lat., II, 412, 16.
6. Cf. ibid. 413, 1.
7. Cf. ibid. 413, 16.
8. Lecture incertaine. On peut reconnaître un P et la désinence *ria* mal rendue, on aurait alors *propria.*
9. Cf. Gramm. lat., II, 459, 19.
10. Cf. ibid. 468, 27.

Cieo[11], cies, secundae conjug[ationis]. Virgilius[12] : « Aere ciere viros Martemque || accendere cantu ». Cieo, cis, quartae. Lucanus impr[imo][13] enim protulit : || « Nunc urbes excite feras, date gentibus arma ».

Juratus tam active quam passive profertur. A pateo passus *facit.* || Virgilius : « *Et pater* Anch[ises] passis *de* litore palmis ». Oleo[14], olui *et* olevi *facit* || et redoleo, redolui *et* redolevi, *quia non mutat* signific[ationem]. Obsoleo obso- || levi facit *et est compositum* ab obs *et* oleo, sicut obscenus ab obs *et canendo* vel ceno. || Exoletam[15] virginem, id est grandem, *quia* exoleo exolevi *facit.* Aboleo || vero aboleo [leg. abolui] *facit et* abolevi, unde *et* aboletum *et* abolitum. || A delino delitum *venit.* Deletum a deleo, unde *et* loetum *dicitur* || *ipsa res quae delet, quasi* a leor *simplici.* Liqueo licui *facit.*

Servius in commento Virgilii libro VIII, ubi dicit : « Communemque vocate *Deum* », || id est Herculem inter *deos atque homines medium*, unde *et* medius fidius *dictus est.*

PLANCHE II

Bibl. Nationale, *lat.* 7505, fol. 112 v°. Au milieu d'un beau manuscrit de Priscien, rempli de gloses où les notes tironiennes sont fréquentes[1] se trouve une lettre formée[2] de l'évêque de Poitiers Ingenaldus (860-871) et un fragment grammatical :

In nomine sanctae et individuae Trinitatis, Patris et Filii et Spiritus sancti, [*H*]*e-rar-do* vene- || rabili archiepiscopo Ingenaldus nutu Dei Pictavorum praesul *aeterne felicitatis ac perpetue beatitudinis* angelicum inse- || parabile *complementum.* Noverit quidem vestrae celsitudinis sollertia *hunc sacerdotem a nobis* olim *fuisse ordinatum et = nullius criminis, apud nos diu manens,* fuscatum esse

11. Cf. ibid. 476, 13.
12. Entre les lignes : *in-finem* (?) *illius.*
13. Lucan. II, 47-48.
14. Cf. Gramm. lat., II, 488, 19.
15. Cf. ibid., 490, 1.

Planche II. — 1. Cf. Thurot, *Notices et extraits*, XXII, 2e p., p. 12.
2. Sur les lettres formées cf. Giry, *Manuel de diplomatique*, p. 811-812.

sed juste ac religiose, ut virum *decet sanctum* fore, *consuetum atque licentiam* || *ei* ex nostri pontificatus ministerio concessam in vestram migrandi parroechiam, *quia de regione* vestram *obligatur*(?), poscimus piam conversationem *ut in vestro sancte* paternitatis gremio praetaxatum *sacerdotem recipiatis et sui ministerii* || *officium* perficiendi *tribuatis*, hac forma praeveniente quam canonicus *ordo* derogat, *per quam volumus* vestram || scire sollicitudinem *eundem sacerdotem a nobis, ut supra* praelibatum *est, esse ordinatum. Et ut* liberius haec habeatur || littera, primum elementum *patris id est* Π *exprimens* LXXX^{mum} *numerum introducere* studuimus, primumque *filii quod est* Υ || significans CCCC, *primum quoque spiritus sancti quod dicitur* A notans I, Petri etiam *apostoli* primum || *quod et* Π figuratur *designans, ut jam* praetulimus, LXXX^{mum}, nostri *vero nominis primum id est* I *quod* X^{mum} *numerum* || notat, secundum *vestri quod appellatur* P centesimum *promens numerum; quartum denique nostre urbis, quod* || vocitatur Θ, *quod* VIIII *notat numerum*. Has *insuper* addentes *litteras* quaternas A *quae* I, M *quae* XL, || H *quae* VIII, N *quae* L, *et* indictionem *etiam* describentes, *quaecumque iniit, his autem Graecorum* elementis || *simul* ductis, animadverti *quin eorum* summa *et inutile*(?) *indicanda* (?) *ac si dicerem credentiam* (?) simul relegentes caracteres *ad* DCC^{um} XC^{mum} II *numerum pervenire videbis*.

Cum praefulgens [sit] *omnis doctrina eloquentiae et omne studiorum genus a luce sapientiae, quaesitum est quid intersit inter doctrinam eloquentiae et studiorum genus. Ad quod dicendum* : Phylosophia || *hodie dividitur in doctrinam eloquentiae et studiorum genere; constat autem doctrina eloquentiae tribus modis, id est observatione casuum et generum sive temporum et ex* affluentia *verborum*, || *ex convenienti ratione. Sicut enim trimoda est, sic pertinent ad eam tres splendidissime artes* liberales, *scilicet grammatica, rhetorice et* dialec[tice]. *Grammatica pertinet in observatione* || *casuum sive generum vel temporum; rhetorice in affluentia vel* copiositate *verborum sive sermonum*; dialect[ice] *in convenienti ratione. Si vero una ex his sententia* || *adfuerit, non eloquentia sed locutio erit, et ita omnis eloquentia locutio est, non tamen omnis locutio eloquentia. Studiorum namque genus* tetramodum est; *constat autem* || *ex* IIII^{or} *artibus liberalibus, id est* arithmetica, geometrica, musica, astrologia; in his enim plus requiritur studium quam observacio. || Nam studiorum genus bimodum est: dividitur in servilibus et liberalibus supradictis IIII : in servilibus || ceu est fabrica, mechanica et cetera rusticorum opera, et licet ista non sint in [li]beralibus, tamen praefulgent || a luce sapientiae.

sed juste ac religiose, ut virum *decet sanctum* fore, *consuetum; atque licentiam* || *ei* ex nostri pontificatus ministerio concessam in vestram migrandi parroechiam. *Qua de re* vestram *obnixe* poscimus piam conversationem *ut in vestro sancte* paternitatis gremio praetaxatum *sacerdotem recipiatis et sui ministerii* || *officium* perficiendi *tribuatis*, hac forma praeveniente quam canonicus *ordo* derogat, *per quam volumus* vestram || scire sollicitudinem *eundem sacerdotem a nobis, ut supra* praelibatum *est, esse ordinatum. Et ut* liberius haec habeatur || littera, primum elementum *patris id est* Π *exprimens* LXXX^mum^ *numerum introducere* studuimus, primumque *filii quod est* Υ || significans CCCC, *primum quoque spiritus sancti quod dicitur* Α notans I, Petri etiam *apostoli* primum || *quod et* Π figuratur *designans, ut jam* praetulimus, LXXX^mum^, nostri *vero nominis primum id est* Ι *quod* X^mum^ *numerum* || notat, secundum *vestri quod appellatur* Ρ centesimum *promens numerum ; quartum denique nostri urbis, quod* || vocitatur Θ, *quod* VIIII *notat numerum.* Has *insuper* addentes *litteras* quaternas Α *quae* I, Μ *quae* XL, || Η *quae* VIII, Ν *quae* L, *et* indictionem *etiam* describentes, *quaecumque iniit, his autem Graecorum* elementis || *simul* ductis, animadverti *quin eorum* summa *et in fine interjiciatur ac si dicerem : hos simul* relegentes caracteres *ad* DCC^um^ XC^mum^ II *numerum pervenire valebitis.*

Cum praefulgens [sit] *omnis doctrina eloquentiae et omne studiorum genus a luce sapientiae, quaesitum est quid intersit inter doctrinam eloquentiae et studiorum genus. Ad quod dicendum* : Phylosofia || *namque dividitur in doctrinam eloquentiae et studiorum genere; constat autem doctrina eloquentiae tribus modis, id est ex observatione casuum et generum sive temporum et ex* affluentia *verborum,* || *ex convenienti ratione. Sicut enim* trimoda *est, sic pertinent ad eam tres splendidissime artes* liberales, *scilicet grammatica, rhetorice et* dialec[tice]. *Grammatica pertinet in observatione* || *casuum sive generum vel temporum; rhetorice in* afluentia *vel* copiositate *verborum sive sermonum*; dialect[ice] *in convenienti ratione. Si vero una ex his sententia* || *caruerit, non eloquentia sed loculio erit, et ita omnis eloquentia locutio est, non tamen omnis locutio eloquentia. Studiorum namque genus* tetramodum est; *constat autem* || *ex* IIII^or^ *artibus liberalibus, id est* arithmetica, geometrica, musica, astrologia; in his enim plus requiritur studium quam observacio. || Nam studiorum genus bimodum est: dividitur in servilibus et liberalibus supradictis IIII : in servilibus || ceu est fabrica, mechanica et cetera rusticorum opera, et licet ista non sint in [li]beralibus, tamen praefulgent || a luce sapientiae.

Cieo[11], cies, secundae conjug[ationis]. Virgilius[12] : « Aere ciere viros Martemque || accendere cantu ». Cieo, cis, quartae. Lucanus imp[e]r[ativum] enim protulit : || « Nunc urbes excite feras, date gentibus arma[13] ».

Juratus tam active quam passive profertur. A pateo passus *facit.* || Virgilius : « *Et pater* Anch[ises] passis *de* litore palmis ». Oleo[14], olui *et* olevi *facit* || et redoleo, redolui *et* redolevi, *quia non mutat* signific[ationem]. Obsoleo obso- || levi facit *et est compositum* ab obs *et* oleo, sicut obscenus ab obs *et canendo* vel ceno. || Exoletam[15] virginem, id est grandem, *quia* exoleo exolevi *facit.* Aboleo || vero aboleo [leg. abolui] *facit et* abolevi, unde *et* aboletum *et* abolitum. || A delino delitum *venit.* Deletum a deleo, unde *et* loetum *dicitur* || *ipsa res quae delet, quasi* a leor *simplici.* Liqueo licui *facit.*

Servius in commento Virgilii libro VIII, ubi dicit : « Communemque vocate *Deum* », || id est Herculem inter *deos atque homines medium*, unde *et* medius fidius *dictus est.*

PLANCHE II

Bibl. Nationale, *lat.* 7505, fol. 112 v°. Au milieu d'un beau manuscrit de Priscien, rempli de gloses où les notes tironiennes sont fréquentes[1] se trouve une lettre formée[2] de l'évêque de Poitiers Ingenaldus (860-871) et un fragment grammatical :

In nomine sanctae et individuae Trinitatis, Patris et Filii et Spiritus sancti, [*H*]*e-rar-do* vene- || rabili archiepiscopo Ingenaldus nutu Dei Pictavorum praesul *aeterne felicitatis ac perpetue beatitudinis* angelicum inse- || parabile *consorcium.* Noverit quidem vestrae celsitudinis sollertia *hunc sacerdotem a nobis* olim *fuisse ordinatum et* || *nullius criminis, apud nos diu manens,* fuscatum esse

11. Cf. ibid. 476, 13.
12. Entre les lignes : *infinitivum illius.*
13. Lucan. II, 47-48.
14. Cf. Gramm. lat., II, 488, 19.
15. Cf. ibid., 490, 1.

Planche II. — 1. Cf. Thurot, *Notices et extraits*, XXII, 2e p., p. 12.
2. Sur les lettres formées cf. Giry, *Manuel de diplomatique*, p. 811-812.

PLANCHE III

Bibl. Nationale, *Nouv. acq. lat.*, 1595, décrit par L. Delisle, *Catalogue du fonds Libri*, p. 22. Contient le traité de saint Augustin « de doctrina christiana ». A la fin se trouvent trois pages avec des notes tironiennes; la première (fol. 136 v°) contient des extraits de la vie de saint Augustin, par Possidius.

POSSIDIUS IN VITA BEATI AUGUSTINI
[Cf. *Augustini opera*, ed. Gaume, t. XI, p. 81.]

Scio non solum ipse verum etiam alii fratres et conservi qui *nobis* tunc intra Ipponiensem *ecclesiam* cum eodem *sancto viro vivebant*, *nobis ad* mensam constitutis *eum dixisse* : « Advertistis *hodie* in *ecclesia meum sermonem* ejusque inicium *et finem contra meam* consuetudinem processisse, *quoniam non* eam *rem* terminatam explicui *quam* proposueram, *sed* pendentem reliquerim ». *Cui respondimus* : « Ita *nos* in tempore miratos *fuisse* scimus et recognoscimus ». At *ille* : « *Credo, ait,* forte *aliquem* errantem *in populo Dominus per nostram* oblationem *et errorem doceri et curari voluerit, in cujus manu sumus et nos et sermones nostri. Nam cum* propositae quaestionis latera pertractarem, *in aliud sermonis* excursum perrexi, *atque* ita, *non* conclusa vel explicata quaestione, disputationem terminavi, magis *adversus* Manicheorum *errorem, unde nil dicere* decreveram, *disputans quam de iis quae* asserere proposueram. »

[Ibid. 27, XXII] Coclearibus *tantum* argenteis utebatur, *caeterum* vasa *quibus mense* inferebantur *cibi* testea vel lignea *et* marmorea *erant, non tam* necessitatis inopia *sed* proposito *voluntatis. Sed et semper* hospitalitatem *exhibuit*; *et in ipsa mensa magis lectionem vel disputationem quam* epulationem potationemque *diligebat. Et contra* pestilentiam *humane consuetudinis in ea* scriptum *ita habebat* :

Quisquis amat dictis absentem rodere vitam
Hanc mensam in*dignam* noverit *esse sui*.

Et ideo omnem convivam a superfluis et noxiis *fabulis* sese *abstinere debere admonebat. Nam et* quosdam *suos* familiarissimos coepiscopos *illius scripture* ıoblitos *et contra eam loquentes tam* aspere *aliquando reprehendit* commotus *ut diceret aut* delendos *esse illos de mensa* versus *aut se de media refectione ad suos* cubiculos *surrecturum*.

[Ibid. 31, XV] Cum *ipso semper* clerici *una etiam* domu *ac mensa* sumptibusque *communis* alebantur *et* vestiebantur. *Et ne* quisquam facili juratione *etiam ad* perjurium *decidisset, et in ecclesia populum praedicabat et suis* instituerat ne quis juraret *ad mensam*. *Quod si* prolapsus *fuisset, unam de* statutis *perdebat* potionem ; *numerus enim erat suis secum* commorantibus et convivantibus poculorum praefixus. *In*disciplinationis *quoque et transgressionis suorum* regula *recta* et [h]onesta *et arguebat et* tolerabat *quantum* decebat *et oportebat, in* talibus praecipue *docens ne* cujusquam *cor* declinaretur *in verba maligna ad excusandas excusationes in peccatis*.

[Ibid. 42, XXXI] Programma ejus :

Vivere *post* obitum vatem *si*[1] *vis* nosse, viator,
Quod legis *ecce loquor, vox tua* nempe *mea est*.

Concorda[2] *cum adversario tuo, dum es cum illo in via*.

PLANCHE IV

Bibl. Nationale, lat. 9603, fol. 14. Lectionnaire de l'Eglise de Tours, dont le contenu a été décrit par L. Delisle, Notice sur les manuscrits disparus de la Bibliothèque de Tours, p. 139-142 (*Not. et extr.* t. XXXI, 1e p., 1883). Ce sont des Homélies sur les épîtres et évangiles, copiées peu de temps après la mort d'Alcuin. Un certain nombre de pages de ce volume offrent des caractères tironiens au milieu de l'écriture :

ex[1] multis circulis semet conectentibus *ait, unde bene* justitia loricae comparatur[2] *quia omnis operatio bona* justitia continetur *et*

Planche III. — 1. Le mot *si* est une addition fautive du copiste.
2. Matth., 5,25 : « esto consentiens adversario, etc. », mais S. Augustin, *Serm.* 251, 7, t. V, p. 1513, cite le texte reproduit par notre planche.

Planche IV. — 1. Cette homélie commence (fol. 14) par les mots de saint Paul, *Ephes.* 6, 14 : « Corfortamini in Domino ».
2. Cf. *Ephes.* 6, 14.

dum opus bonum operi bono conectitur, justitia *utique* impletur; *quia qui* indutus || fuerit jaculis maligni *non* patebit. « *Et* calciati *et caetera.* » *Haec est* armatura *nostra ut* calceatos *habeamus* pedes *in* praeparatione *euvangelii pacis*[3]. Mittens *Dominus discipulos ad* praedicationem secundum duos eguan- || gelistas *praecepit ut non* ferrent peram *nec* calciamenta, secundum *autem alium*[4] *jussit ut tantummodo* sandaliis uterentur, *quod genus* calciamenti hujusmodi est *ut nec totum* pedem contegat *nec* omnino nudum relinquat; || *per quod* ostenditur *quia* praedicator quisque *qui euvangelium pacis* annuntiat *nec in totum debet* terrena lucra sectari *nec ex toto* calciamenta, *per quae necessaria* corporis signantur, abicere. Operiri *ergo* pes || *in* necessariis utendis, at vero superflua abscidi jubentur. *Inter* quae notandum *quod* calciamenta *ex* mortuis animalibus fiant, mortua *si quidem* animalia *sunt sancti prophetae et* patriarchae *vel* quæ- || libet *sanctorum* institutio, *ex quibus* doctrinam *vitae* haurimur *et* calciamenta *in nostris pedibus* componimus. *Euvangelium autem pacis est quod* Dominus adnuntiavit *dicens* : « Pacem relinquo *vobis et caetera*[5] ». *Et quia ipse* pacificavit || *per* sanguinem *suum non-solum quae in* caelis *sed-etiam quae in terris sunt. Sed* queri *potest quomodo* Moses *et* Josue, dum populis praeferuntur, calciamenta de pedibus solvere jubentur. *Ad quod dicendum quia illi* praecipiuntur calci- || amenta in pedibus *habere quibus adhuc* cavendae sunt serpentis insidiae. At vero perfecti *et expediti quibus* Dominus *dicit* : « *Ego dedi vobis potestatem* calcandi *super* serpentes *et caetera*[6] », calciamentis opus *non habent.* || « In omnibus sumentes scutum fidei *et caetera*[7]. » Scutum fide[i] comparavit *quia sicut qui* istum scutum *bene* rotare consuevit *et* scit *potest omnia* hostis tela sibi ab inimico illata repellere, || *ita ut quisquis* fidem rectam firmiter tenuerit facile poterit *omnes* adinventiones hereticorum et Judaicas superstitiones refellere gentiliumque erroribus atque diabolo, || *si se* in angelum lucis transformaverit, resistere. *Quia ergo omnia haec per* fidem repelluntur, jure fidem scuto comparavit subdens : « *ut* possitis *omnia* tela nequissimi ignea extinguere. » Legimus *quia* malitia timida *est* natura, *quomodo ergo* tela ignea *dicuntur? Sed si* consideremus passiones *quae nobis* dominantur, iram scilicet *et* libidinem *et caetera mala opera, quomodo homines* accen- || dant perfacile videbimus *quia* tela *diaboli* ignea *sunt sed-tamen per* fidem devincuntur. « *Et* galeam salutis *et caetera*[8] ». Galea salutis *dicitur quia*

3. Ibid., 6, 15.
4. Ce n'est pas la manière ordinaire d'exprimer *alium*, mais c'est très clair.
5. *Ephes.*, 6, 15.
6. Luc, 10, 19.
7. Paul, *Ephes.* 6, 16.
8. Ibid., 6, 17.

caput tegit *ab* imminentibus casibus. Scimus *autem quia in capite* || sedes est anime et in *capite* est *omnis* memoria, ut phisici *dicunt*, *ita ut* læsum fuerit cerebrum *capitis*, abscedat memoria. *Quisquis ergo habet sanum caput*, *id-est* mentem, ille *utique* galeam salutis || *habet in capite et* gladium *spiritus*, *quod est Verbum Dei*. *Verbum Dei* gladio comparatur *quia per illud omnes* hereses *detruncantur et omne malum*, *sive sit* exterum *sive* interum, subruitur sicut *alibi Apostolus dicit :* « Vivus *est enim* || *sermo Dei et* efficax *et* penetrabilior *omni* gladio ancipiti, pertingens *usque ad* divisionem *animae* ac *spiritus*, compagum *quoque et* medullarum et discretor cogitationum[9] ». Queri potest || *quare dicat Apostolus non* esse nobis colluctationem adversus carnem *et* sanguinem *et caetera* [10], cum *per*maxime per carnales quosque *et* ex substantia sanguinis procreatos sanctis persecutiones || illatas fuisse *legitur*. *Ad quod dicendum quia hic* Apostolus *non* de carnali *sed* spiritali pugna loquitur, *sive aliter quia cum adflictiones vel* persecutiones fidelibus *a* pravis *hominibus* ingeruntur, executio *quidem hominum* est *sed* || *diaboli* instinctus est *et omnis vobis intellegentiae* Apostolus auctor est *alio loco dicens :* « Secundum principem aeris *hujus qui operatur in filios* inobocdientie[11] ». Operantur *ergo* hae spiritales nequitiae *in his qui* inoboe- || dientes *Dei legis sunt*, *quos* voluntatis *sue* tanquam operarios eligunt, *in res suas* alienae intercessionis ministerio usuri. *Neque solum id ex* apostolicis dictis intelle- || gimus, *sed-etiam ex* libro *beati* Job docemur. Cum *enim diabolus potestatem* temptandi Job postulasset *per* direptionem substantiae *ejus* primum *ergo*(?) seviturus, *homines ad* pastorum cedem *et ad* direptionem || pecudum excitavit eosque *in* hanc voluntatem latrocinii accendit. Egit *ergo* id[12] *quod* volebat per humane operationis officium. Judas quoque in passione Domini *ministerium diaboli fuit* || *et per* eum effectum voluntatis *est proprie* executus, *euvangelista* testante *ita* : « Intravit, inquit, Satanas *in* Judam *qui* cognominatur Scarioht[13] ». *In omni igitur quam* perpetimur injuria, *alterius* || *opus alterius* instinctus est, *unde et beatus David cum* dixisset : « *Saepe* expugnaverunt *me a juventute mea*[14] », tacito impugnantium *nomine* impugnationem solam memoravit. *Non ergo his* || irascendum est *a quibus* aliqua perpetimur, *sed* quotiens *per* contumelias *ad* iracundiam provocamur, quotiens

9. Paul, *Hebr.* 4, 12.
10. Id., *Ephes.* 6, 12.
11. Cf. *Ephes.* 2,2 « secundum principem potestatis aeris hujus, spiritus, qui nunc operatur in filios diffidentiae ».
12. Le copiste a probablement voulu substituer *id* au mot *ergo* écrit par erreur, le trait initial de la note *id* étant oblique et non horizontal.
13. Luc, 22, 3.
14. *Psalm.* 128, 1.

per convivia ad lites excitamur, quotiens ad dolorem *et* impiam damni || quaerelam *per* rapinas *et* furta compellimur *aut in* corporis voluptates blandæ adhortationis sollicitamur instinctu, agnoscendum *est* hostis *ille per quem haec* || *operantur* ac dictorum incentiva praebentur, *neque* irascendum *est hominibus* alienae instigationis operariis, sed potius in his detestandi officii intercessio feda miseranda est || *quod sint* vasa *diaboli*, Satane ministerium *et* latrocinantium tela *et* alienae militiae ac nequitiae paritores. A[u]gustinus *de Verbis Domini in sermone Domini ubi dicitur :* « Si vis venire *ad vitam* || redimentes tempus. Non sunt *ergo mali dies quos* agimus in corruptela *hujus* carnis in tanta *vel sub* tanta sarcina corruptibilis corporis, *inter* tantas temptationes, *inter* tantas difficultates || *ubi* falsa voluntas, nulla securitas gaudii, timor torquens, cupiditas avida, tristicia arida [15].» « RENOVAMINI *spiritu mentis vestre et induite novum hominem qui secundum Deum creatus est* [16] ». || Quis est *iste homo qui* secundum *Deum creatus est?* secundum *quorumdam* sensum *interior homo intellegitur, qui ad imaginem* [17] *Dei factus est, non utique* caro, *quia nec in Deo terra est, siquidem* caro *terra est, nec caput videri debet ad* similitudinem *Dei, quia* || eminet, *aut* oculi *quia* intuentur, *vel* aures *quia* audiunt. Si enim altitudinem spectes, non proceri videmur *quia* paululum vertice eminemus a terris. Obtutus est *quidem praestans* spectare || elementa mundi, cognoscere *quae nullus* adnuntiet *sed tuus* deprehendat aspectus; *verum hoc ipsum quantum est quod videmus ut eo ad* similitudinem *Dei nos* esse dicamus? *qui omnia videt,* spectat *omnia,* latentes || deprehendit affectus, scrutatur *cordis* occulta. *Non* pudet *hoc dicere cum ipse me totum videre non possum;* cervicem *meam h*[abeo], *non* novi occipitium, renes *meos videre non possum, sicut et quantum est quod* || audivimus *cum id quod* paululum distet *videre et* audire *non possim?* Si interjecti parietes *sint*, impeditur aspectus, impeditur auditus, *deinde corpus nostrum uno in* loco heret, an- || gusto includitur spatio. *Omnes* fere latiores *sunt homine, omnes etiam* velociores, *non ergo* caro *potest* esse *ad* imaginem *Dei sed anima nostra quae libera* est et diffusis cogitationibus *atque* con- || siliis huc *atque* illuc vagatur, quae considerando spectat omnia, *verbi gratia qui* in Italia *est* cogitat *quae ad* orientales *aut* occidentales partes spectare videntur *et cum illis* versari || videmur *qui in* Persida *sunt* constituti *et illos videmus qui* degunt in Africa si quos cognitos *nobis* ea *terra* susceperit, sequimur proficiscentes, inheremus peregrinantibus, copulamur absentibus.

15. August. *serm.* 84 [ed. Gaume, V, 646], al. de verbis Domini 17.
16. Paul, *Ephes.* 4, 23-24.
17. Le scribe a écrit *hominem* au lieu de *imaginem* réclamé par le sens; voir deux exemples de ce dernier mot à la ligne 3 du fol. suivant.

PLANCHE V

Même manuscrit, fol. 14 v°.

alloquimur separatos, defunctos quoque ad colloquium resuscitamus, eosque *ut* viventes complectimur et tenemus *et vite* officia *his* usumque deferimus. Ea igitur est ad imaginem Dei quae *non* corpo- || rea aestimatur *sed mentis* vigore absentes *videt*, transmarina visu novit, percurrit aspectu, scrutatur abdita huc *atque* illuc, *uno* momento *sensus suos per totius* orbis *fines et mundi secreta* circum*fert*, || *quae Deo* jungitur, *Christo* adheret, *descendit in* infernum *atque ascendit* libera, *versatur* in celo, *denique audi dicentem : « Nostra autem conversatio in-caelis* est[1] ». *Non est ergo ad imaginem Dei in qua Deus semper est? sed audi quia ad imaginem Dei; dicit enim Apostolus : « Nos itaque* || *omnes* revelata facie *gloriam Domini* speculantes *ad eamdem imaginem* reformamur *a gloria in gloriam tamquam a Domini spiritu* [2]». A[u]G[ustinus] : « *Deus erat in Christo mundum* reconcilians *sibi*[3] ». *Hoc sive de Patre dictum accipitur postquam ipse* ait : « *Pater in me* manens || *ipse facit opera* » et « *ego in Patre et Pater in me est*[4] », *sive ita : « Deus erat in Christo, mundum* reconcilians *sibi », id est Deus erat in Christo, verbum erat in homine. Sic erat utique verbum in carne ut verbum etiam* caro factum, *sicut proprie diceretur, id est homo verbum in unam Christi* || *personam* copularetur. MULTA DOMINUS Judaeis *apposita* praedicatione *monstravit, plura etiam in* parabolis. *Sed cum eorum animos* obduratos *vidisset et sciret quia* prophetia Esaiae implenda *esset*, id est || « excaeca *cor* [ ]»[5], *hoc etiam eis in tribus parabolis quarum una est de duobus filiis*, quorum pater majori dixit : « *Vade operari in vineis*[6] », *et ille* respondit : « Vadam », *et non ivit et caetera;* manifeste *ostendens quia filius* || *ille cui pater imperavit, et dixit « non » gentilis fuit; qui primo dixit « non » et postea* ivit, *ille vero qui dixit se iturum non tamen* ivit populus Judaicus *qui dixit : « Omnia quae locutus est Dominus et* audiemus et faciemus », *postea tamen* || *in multis Domini* praeceptis contradixit.

PLANCHE V. — 1. PAUL, *Philip.* 3, 20.
2. PAUL, 2 *Cor.*, 3,18 : « Nos vero omnes, r. f. g. D. s., in eamdem imaginem transformamur a claritate in claritatem ».
3. PAUL, 2 *Cor.* 5, 19.
4. JOAN., 14, 10-11.
5. ISAI., 6, 10 : « Excaeca cor populi hujus ».
6. MATTH., 21, 28.

Secunda *est ubi dicitur quia homo* plantavit vineam[7] *et caetera, quae* evangelicus *sermo docet ad* custodiam vineae *illius pertinens*. Tertiam proposuit istam *cujus caput est quod modo auditur*. || Regnum celorum *cum* multifariae in scripturis intellegatur, *hic praesens ecclesia significatur et ideo dicitur* : « *Simile est regnum caelorum homini regi* »[8] *et ideo dicitur homo et rex homo, quia* agit *clementiam super genus humanum; rex, quia cum* || *quae creavit gubernat et* regit; *filius, quia genuit eum pater* consubstantialem *et percellentem ante omnia* secula; *de quo rege et filio ejus dicit* psalmista : « *Deus, judicium tuum* regi da »[9] *et bene dicit* Dominus : « simile factum *est regnum* || *caelorum* », *quia ecclesia sancta quae* ab inicio *mundi vocata est et in-corpore* Christi coadunata, *ante saeculi* constitutionem praecognita atque *vocata* est, *ut* Apostolus *qui elegit nos ante mundi* constitutionem *et caetera*. Utique || *corpori suo* adjungens *quod est ecclesia, bene* autem *dicitur sancta ecclesia* sponsa esse *hujus regis* filio, *quia ipse* caput *est et ipsa* ei adherens *tanquam* sponsa, *de qua re multa sunt* testimonia *quae non* est || prosequi necesse, *quia et* in posterioribus *non possunt* dici *nisi* aliqua eorum. « *Et* misit servum *suum et caetera* [10] ». *Hora* cene; *quamquam* finis sit *mundi. in qua illa* dabitur merces *ut* videant facie || *ad* faciem, *et* dapibus *hujus* cene satientur *cum* electis, quisque huic *mundo* subtrahitur *jam hujus* cenae dapibus satiatur. Sane hanc invitationem trifariae *legitur* celebrasse; || nunc *scilicet* quando primum misit *servos suos ut* venirent *ad* nuptias *filii et* secundo *loco quando dixit* dicere invitatis *ut* venirent *quia* tauri et altilia occisa sunt *et omnia* pa- || rata. Tertio *vero cum* perditis homicidis et civita[te] eorum combusta *dixit servis suis* : « Ite *ad* exitus viarum *et caetera* [11] ». *Prima ergo* invitatio est *ante* legem qua patriarche || peregerunt; secunda *per* legem qua prophete ordinati *sunt; tertia autem sub gratia cujus* ministerium sortiti *sunt* apostoli; *sed in* prima invitatione has nuptias pronuntiavit futuras Adam || *qui dixit* : « *Propter hoc* relinquet *homo patrem et matrem et caetera* [12] ». *Quod* exponens *Apostolus dicit* : « *Ego-autem* dico in Christo *et in ecclesia* [13] ». Secundus invitator Noe *qui ad* similitudinem Christi ecclesiam *sibi de* vivis lapidibus || construxit *et* secundum *opus hic dicitur* : « Quoscumque inveneritis *vocate ad* nuptias [14]. » Omnium *genere* bestiarum *et* volucrum *in*differenter arcam

7. Matth., 31, 33.
8. Matth., 22, 2.
9. *Psalm.*, 71, 2.
10. Matth., 22, 3.
11. Matth., 22, 9.
12. *Ephes.*, 5, 31.
13. *Ephes.*, 5, 32.
14. Matth., 22, 9.

complevit. Tertius Abraham harum || nuptiarum praedicator fuit *cujus in* semine *id-est* Christo *omnium* gentium *tanquam* [un blanc] ecclesiæ benedictionem suscepit. Imago Jacob *etiam* non *modo istas* nup- || tias pronuntiavit *sed ipsum* sponsum *nomine proprio vocavit dicens* : « Salutare *tuum* expectabo, Domine[15] ». Moses *quoque ipse cum in* principatum populi *tanquam* vice sponsi vocaretur, ministerium *illud non* || *sibi* convinere (*sic*) *sed Christo* judicans, explevit dicens : « Obsecro, Domine, *mitte quem* missurus es[16] », *sed* missis tot *servis* invitati *dicere* nolebant *quia* auditores tantorum virorum ido- || latriæ potius servire *quam vocari se* statuerunt. « Iterum *misit alios et caetera.* » Isti alii servi prophete *non in-merito* intelleguntur, *licet a quibusdam patribus sancti* apostoli intrepretati *sunt, sed in his* || *etiam* requirendi *sunt* potissimi viri *qui* has nuptias adnuntiaverint quorum *unus* est *beatus David qui* sponsi et adventum et *conjunctionem* sponsi manifesta *protulit voce dum dicit* idem || sponse *ad* nuptias *regis* venture : « Audi, filia et vide[17] ». *Beatus autem* Esaias ea[m]dem conjunctionem *his verbis* enuntiat : « *Quasi* sponsum, inquit, decoratum corona *et quasi* sponsam || ornatam monilibus *suis*[18] ». Itemque *sanctus* Oseæ fornicariam accipiens uxorem apertissima *voce et ambitu* futuram Christi *et ecclesiae* conjunctionem manifesto pandit ora- || culo. *Si autem istorum* vocantium *ad* has nuptias *plura* requirit testimonia, in eisdem paginis sufficienter invenies. Dicunt *autem* invitatorem *nostrum : « ecce* prandium *meum* pa- || ravi *et caetera* ». Primum *quidem ita dixerunt de* tauris *et* altilibus. In secunda invitatione dicitur : « *Ecce* tauri *mei et caetera*[19] ». Tauros altilia *eos qui ab eis* pasti *sunt verbo* ; *cum dicunt :* tauri *et* altilia || occisa *et caetera, significatur sanctos passos in praesenti* seculo, *unde* Stephanus *dicit ad* has nuptias venire recusantibus : « *Quem non sunt* persecuti *patres vestri* ». *Alii dicunt* tauros patres veteris Testamenti *quia* || permissum vel *dum* talione referebant tauri *erant;* altilia patres novi Testamenti. « Illi neglexerunt ». In utroque ordine reperti *sunt multi qui* neglexerunt *verba istorum.* « *Et* fuerunt *alius* || in villam *et caetera* ». Per villam labor terrenus vel amor divitiarum intellegitur; per negotiationem *vero* cupiditas undequaque conquesituram rerum *quae utique, dum* auditorum || *corda in* diversa trahunt, *ab istis* nuptiis deflectunt; *sive nomine* negotiationis intellegitur studium litterale *quod et* Judaeorum *corda in diversum traxit et* gentilium *maxime occupavit;* || gentilium *quidem in rebus non necessariis* perquirendum,

15. *Genes.*, 49, 18.
16. *Exod.*, 4, 13.
17. *Psalm.*, 44, 11.
18. Isai., 61, 10.
19. Matth., 22, 4.

Judeorum *autem* in litterario *sensu, corda eorum* occupando, *quod David se non fecisse* in psalmo gratulatur dicens : « *quoniam non* cognovi || litteraturam *et c.* », *quod alia* translatio *habet* : « *quoniam non* cognovi *narrationem*[20] ». « Reliqui tenuerunt *servos ejus et caetera* ». Grandis distantia *est inter* eos *qui verbum Domini* audientes || *tantum non* receperunt *et eos qui* non solum *miseros ad se non* audierunt *sed-etiam* contumelia affecerunt ; *de qua re* mirabiliter loquitur. *Et* veraciter *beatus* Esaias in cantico || *illo quod* cecinit dilecto *dicens* : « Vinea fuit dilecto in cornu *in loco* uberi *et* reliqua[21] ». Isti *ergo qui servos patris* familias contumeliis affectos occidunt Judei *sunt quibus Dominus* || dicit : « Ve *vobis qui* edificatis monumenta *patrum. Quoniam quidem patres vestri* occiderunt eos *et caetera*[22] ». *Qui non solum* prophetas *sed-etiam* apostolis manus injecerunt *et quantum sibi* posse fuit delere *eorum nomen* conati *sunt.*

PLANCHE VI

Même manuscrit, fol. 99.

quinquies[1] videlicet semetipsum *ipsa die suae* resurrectionis manifestans *quando* voluit et *sicut* voluit et *quibus* voluit. Attamen sciendum *quod beatus* Clemens || *apostolorum discipulus* VI^am^ commemorat *apparitionem ipsa die factam.* Dicit *namque quod in illa* cena venerabili *quam Dominus* paulo antequam pateretur *cum discipulis* celebravit, *in qua eos* || *omnibus modis* instruere voluit, *cum suam* passionem eis praedixisset et *quod* tertia *die esset* resurrecturus, dixerit *beatus* Jacobus *et prae*juraverit *quod ex illa die* || *non esset* panem manducaturus *donec Dominum* a mortuis resurgentem *videret, quod et factum est.* « *Cum enim,* inquit, *beatus* Jacobus *in ipsa* abstinentia, *qua se* || juramento constrinxerat, *usque in diem* dominicae resurrectionis perduraret, *apparuit ei Dominus dicens* : « *Frater* mi, comede panem *tuum, quia ego jam* resur- || rexi a mortuis ». *Quam praeapparitionem* beatus *Paulus apostolus in epistola ad* Corinthios commemorat *ita dicens :* « Tradidi *enim vobis in primis*[2] », quanquam *non* affirmet quo *ordine* || *vel quo die haec appa-*

20. *Psalm.*, 70, 15.
21. Isai., 5, 1.
22. Luc., 11, 47.

Planche VI. — 1. Ce fragment d'homélie semble se rapporter au texte de S. Luc, 24, 13 : « Et ecce duo ex illis ibant ipsa die in castellum quod erat in spatio stadiorum sexaginta ab Jerusalem, nomine Emmaus ».
2. Paul, 1 *Cor.*, 15, 3.

ritio fuerit celebrata, *sed nec praelectio* textus *euvangelii ostendit quo ordine* Petro apparuerit, *cum tamen hoc factum esse non* taceat. Ac per *hoc* || *sciendum quod Dominus* resurgens a mortuis *ipsa die suae* resurrectionis sexies *discipulis fuerit* visus. Porro castellum *quo* ibant *isti duo discipuli*, || *quod* eatenus Emaus *vocabatur*, *ipsa est* Nicopolis, *quod* videlicet *nomen* a Marco Aurelio Antonino noscitur accepisse. *Cum enim* Romani *causa* ultionis || dominici sanguinis *omnem terram* repromissionis evertissent, *inter caetera hoc* castellum subverterunt; *sed post a jam dicto* imperatore, ut praemissum est, ree- || dificatum cum statu mutavit *et nomen*. Stadium vero quoddam spatium mensurae *est*, *hoc est* octava *pars* miliarii *quo scilicet tam terrae quam* maria || metiuntur; *quod* ferunt *ab* Ercule inventum; *erat* vero aptum lusibus *hominum qui* intra *ipsius* stadii spatium currendo semet *ipsos quasi* in quodam || ginnasio exercebant; et quicumque *caeteros posset* praecellere, *ille* bravium accipiebat. Hinc *est denique quod beatus Paulus dicit* : « Nescitis *quod* hi qui || in stadio currunt *et caetera*[3]. » Et infra : « *Omnis*[4] *enim qui in* agone *contendit ab omnibus se* abstinet ». *Sciendum autem* quod sexaginta stadia septem milia *et* medium complent miliarium. *Sed nec hoc* itineris spatium, *nec numerus* discipulorum a misterio *vacat ; in hoc siquidem quod duo fuerunt, illos significant* || *qui* gemina dilectionis caritate *sunt* referti, *Dei videlicet et proximi*, *quae scilicet* dilectio minus *quam inter duos esse non* valet; *unde isti duo* jure fuisse perhibentur; || *magnam quippe* proximi dilectionem habebant, *qui* peregrinu[m] *hominem* et *sibi* incognitum *non solum* exasper[n]ati *non sunt, sed etiam in suum* hospitium *non* modo invitaverunt || veru[m] *et* coeger[unt], *sicut* sequentia demonstrabunt. Ad id *quoque dilectionem* extranei nequaquam *abnuentes* dicendi sunt *qui de illo de quo loquebantur, licet* adhuc || de eo *eorum corda* titubarent tanquam *de Deo, sicut* utique *erat, loquebantur, cum tam* affectuose *dixerunt* : « *nos autem* sperabamus quod ipse *esset* redempturus[5] ».

Montpellier. Bibl. de la Faculté de médecine, n° 334, fol. 56 v°. Entre le texte d'Hygin et celui de Fulgence, un feuillet blanc a été employé pour les notes suivantes :

Manubiae *semper pluraliter*[6] *dicuntur et significant spolia*[7].

3. *Ibid.*, 9, 24.
4. Le scribe a écrit *omnes* par erreur.
5. Luc, 24, 21.
6. Ce mot, qui manque au lexique tironien, est formé d'un P et de la désinence *ter*.
7. Il faut lire *spolia* avec la désinence *h*, sans tenir compte du signe oblique (*um*).

Haec sunt *nomina* foraum *David*. David *rex* sedens in cathedra primus et fortissimus omnium fuit. *Deinde tres* primi *fuerunt* Jesbaam *quem* Josephus Eusebium nominat; || *secundus*[8] Eleazar *filius* Ahoi qui *fuit pater* Isai *patris David*; *tertius* Semma. *Isti detulerunt arcam secundum* Josephum. Abisai princeps inter tres sequentes, id est super *tres*. *Secundus* Subochai ... || tan. *Isti* detulerunt *arcam*, sicut Hebrei *tradunt et Sancta Scriptura dicit*. Banaias erat inter III robustos nominatissimus, sed *usque ad tres* non pervenerat || *quia ipse* nominari *dignus* fuerat inter *tres* robustos qui *erant secundi*, sed non *compares ad eos*; hi sunt Asael, Eleanan, Semma, Elica, Eles, Hirai, Habiezer. ... || Mobennai, Salmon, Macharai, Elet, Itai, Banai, Heldai, Abialbon, Azmauet, Eliaba, Jonathan, Semma, Ainam, Eliphelet, || Eliam, Farai, Igaal, Bonni, Selet, Hira, Jarep, Naharai, Urias. Benjamin *dicitur filius dextere* : Ben *enim filius*, Jamin dextera. *Hinc. filii* Jemini *dicuntur* || *filii dextere quia de tribu Benjamin fuerunt*. Jemini *namque* ideo *dicuntur quia* ambidextri *erant*, *quod graece dicitur* amphotero dechi, *utraque enim manu utebantur pro dextera et maxime omnes qui de- regione Benjamin fuerunt*.

PLANCHES VII-XI

Psautier en notes tironiennes.

On connaît sept manuscrits du Psautier accompagné généralement de prières diverses. Ils remontent tous à l'époque carolingienne. Ce sont :

S. Bibl. nationale, lat. 13160 (autrefois S. Germain 661.2, puis 779 et antérieurement à l'abbaye de Saint-Faron, de Meaux). Voir *Nouv. traité de diplomatique*, III, 110, 262, 596 et pl. 62 ; Kopp, I, § 355 ; Delisle, *Le Cabinet des mss.*, III, 263 et pl. 29, n° 3; Lehmann, p. 1, § 2.

M. Bibl. nationale, lat. 190 (autrefois Philibert de la Mare 224, puis Reg. 6078, 2). Contient à la suite d'un lexique tironien fragmentaire les Psaumes 5-70.

8. Ici, comme souvent, le scribe a employé la désinence *dus* au lieu de *us*.

Voir KOPP, I, p. 301 ; SCHMITZ, *Beitr. z. lat. Sprach. u. Litt.*, p. 241 ; LEHMANN, p. 3, § 4.

A. Bibl. nationale, nouv. acq. lat. 442 (coté E 150 dans la bibliothèque de Bouhier, H 449 dans la bibl. de l'École de médecine de Montpellier. Volé par Libri et acheté par le comte d'Ashburnham. Coté Libri 94). Voir LEHMANN, p. 5, § 7 ; DELISLE, *Catal. des mss. du fonds Libri*, p. 5.

P. Bibl. nationale, lat. 1327 (autrefois Reg. 4626, provient de Dupuy). Commence au Psaume 60. Voir KOPP, I, § 356 ; LEHMANN, p. 2, § 3.

G. Guelferbytanus 3025 (Aug. 13, 4°). Décrit par LEHMANN, p. 5, § 8 et par O. von HEINEMANN, *Die Handschriften der herz. Bibliothek zu Wolfenbüttel*, VII, p. 168. Publié entièrement en autographie par M. Lehmann.

B. Bernensis 668, provient de P. Daniel. Commence au Ps. 5. Voir SCHMITZ, *Panstenographicon*, I, p. 204 ; LEHMANN, p. 3, § 5.

L. British Museum, Add. 9046. Voir LEHMANN, p. 4, § 6.

Les planches VII-XI donnent un spécimen des cinq premiers manuscrits. On pourra comparer au moins une partie du Psaume 68 dans les cinq exemplaires.

Psaume 67 (fin).

33. Regna terrae, kantate Deo, psallite Domino. Psallite Deo,
34. Qui ascendit super caelum caeli ad orientem. Ecce dabit voci sue vocem virtutis.
35. Date gloriam Deo super Israel, magnificentia ejus et virtus ejus in nubibus.
36. Mirabilis Deus in sanctis suis ; Deus Israel ipse dabit virtutem et fortitudinem plebi sue ; benedictus Deus.

PLANCHES VII-XI. — Ps. 67, 33. terrae] terra G.
36. plebi] plebis G.

Psaume 68.

1. In finem pro his qui commutabuntur David.

2. Salvum me fac, Deus, quoniam intraverunt aquae usque ad animam meam.
3. Infixus sum in limo profundi, et non est substantia.
Veni in altitudinem maris, et tempestas demersit me.
4. Laboravi clamans, raucae factae sunt fauces meae; defecerunt oculi mei, dum spero in Deum meum.
5. Multiplicati sunt super capillos kapitis mei, qui oderunt me gratis.
Confortati sunt qui persecuti sunt me inimici mei injuste, quae non rapui tunc exsolvebam.
6. Deus, tu scis insipientiam meam, et delicta mea a te non sunt abscondita.
7. Non erubescant in me, qui exspectant te, Domine, Domine virtutum.
Non confundantur super me qui quaerunt te, Deus Israel.
8. Quoniam propter te sustinui opprobrium, operuit confusio faciem meam.
9. Extraneus factus sum fratribus meis, et peregrinus filiis matris meae.
10. Quoniam zelus domus tuae comedit me, et opprobria exprobrantium tibi ceciderunt super me.
11. Et operui in jejunio animam meam, et factum est in opprobrium mihi.
12. Et posui vestimentum meum cilicium, et factus sum illis in parabolam.
13. Adversum me loquebantur qui sedebant in porta; et in me psallebant qui bibebant vinum.
14. Ego vero orationem meam ad te, Domine; tempus beneplaciti, Deus.
In multitudine misericordiae tuae exaudi me, in veritate salutis tuae.
15. Eripe me de luto, ut non infigar; libera me ab his qui oderunt me et de profundis aquarum.
16. Non me demergat tempestas aquae neque absorbeat me profundum, neque urgeat super me puteus os suum.

Ps. 68, 3. Dans M *maris* est exprimé avec la désinence *aris*.
demersit] dimersit M, corrigé au moyen de caractères ordinaires.
5. confortati]. On ne peut plus lire ce qu'il y avait dans M, où le mot *sunt* a été ajouté postérieurement. — rapui] rapuit G.

17. Exaudi me, Domine, quoniam benigna est misericordia tua, secundum multitudinem miserationum tuarum respice in me.
18. Et ne avertas faciem tuam a puero tuo, quoniam tribulor, velociter exaudi me.
19. Intende animae meae et libera eam; propter inimicos meos eripe me.
20. Tu scis inproperium meum et confusionem meam; et reverentiam meam.
21. In conspectu tuo sunt omnes tribulantes me, inproperium exspectavit cor meum et miseriam.
Et sustinui qui simul contristaretur, et non fuit; et qui consolaretur, et non inveni.
22. Et dederunt in escam meam fel; et in siti mea potaverunt me aceto.
23. Fiat mensa eorum coram ipsis in laqueum et in retributiones et in scandalum.
24. Obscurentur oculi eorum ne videant; et dorsum eorum semper inqurva.
25. Effunde super eos iram tuam et furor irae tuae comprehendat eos.

PLANCHE XII

Bibl. nationale, lat. 10756. A la fin de ce volume se trouve un fragment, en écriture mérovingienne pouvant remonter au VIIIe siècle, entremêlé de notes tironiennes. C'est une pièce de vers sur la création et la fin du monde. Schmitz (*Mélanges J. Havet*, p. 77) a cru y voir un centon de poètes classiques et chrétiens. Le compilateur semble y avoir joint des vers de sa façon. Le principal intérêt de ce morceau consiste en ce qu'il nous montre un emploi assez défectueux des notes à l'époque mérovingienne. Je donne la lecture suivante comme un essai, le scribe s'écartant très souvent des règles, notamment pour les finales *ant*, *ent*, *unt* qu'il écrit comme *an*, *e*, *u*.

21. tribulantes] qui tribulant A P.
22. *escam meam* corrigé en *esca mea* M, avec la note marginale : *esca sine a*.

Fol. 67 v°.

Cantemus Domino, Christo cantemus honorem,
Qui nobis dĕditam sacro spiramine vitam
Condidit et rigidis solidavit corpora membris,
Sustinet et varium pat[i]ens *virtutibus orbem.*
Principio caelum *terram* camposque liquentes
Fecerat *et* solidis constrinxit flumina ripis.
Tunc tremulat tumidum timidis *cum piscibus* aequor.
Cunctis nam vario varias *ex ordine* leges
Inseruit, nitidis dederat *qui nomina* stellis,
Tempore cornigeram *complet qui lumine lunam,*
Tytanis radios *istius in* aequora tingi
Jusserat, *ac despondit ii relocentur ad* ortus,
Altaque sulphoreis *circumvolat* aethera *monstris*
Phœbi *et* occiduas *axis deflectit in* undas.
Consurgunt gilidi liquidis *de fontibus* amnes
Rupibus *elapsi, produnt hinc* marmora rivis,
Ociani calidas *vendunt et sidera* lymphas
Trăhunt *et vĕlōces* in glauco gurgite *pisces.*
Plantavit virides *firmato robore* silvas,
Turgida *purpureos sparsit per* gramina campos,
Et volucres niveis alta *ornat* aera pinnis
Serpentes *varias maculoso in corpore* glebas
Spurtant, *ad proprios redeunt per* frigora nidos.
Sole *sub ardenti fundunt se carcere* campis
Agmina, *tunc* vastos *rursus sparguntur in* agros,
Flagrantesque *legunt laeto spiramine* rores.
Fulgida mellifluis *redeunt* examina tectis
Complent *et proprias* collecto nectare *cellas.*
[Hi]s dederat flores escas *ut piscibus* undas
[Et] qui *post* ravidam calido *de sanguine* laenam
Condedit *et jussas* brutis animantibus herbas,
Ingenti genitus *lumen de lumine* Christus.
Omnia sed *instant* hae[c] *rursus fine* resolvi
Mundi, cum Dominus *post* sena volumina *laetus*
Paruerit cunctis confixa *carne triumphans.*

Planche XII. — Vers 4. La finale de *orbem* devrait être placée au-dessus du radical.

12. Lecture très douteuse.

13. *Monstris* est ici formé de *monstrat*, quoiqu'il existe un signe spécial pour *monstrum.*

31. Dans *jussas* la désinence *as* est mal placée.

Tunc *re-probis* meritas *justo cum pondere poenas*
[R]eddet et astrigeram sanctos *deducet in* aulam.
Discete *nunc* lubricas mundi contemnere pompas,
[Disci]te : perpetuae florescit *gloria* vitae,
Semper et angelicis exultant agmina regnis.
... et properans desolvere saecula finis.
Ignita sidereo labentur sidera caelo,
Fervidus ignicomas consurget pontus in undas
Flammeus et liquidis regnabit fulgor in undis
[Et va]stos tumido solidabit in aequora *fluctus.*
Finito et miseram perdent cum tempore vitam
Pisces, et bibulas pulsabit fluctus *harenas.*
Pontus nec vitreos sordebit litore rivos.

Fol. 68.

[S]piritus huic calido mugebit ab aethere cornu.
Tunc populis Dominus clarescet (in) nube corusca
Cujus et innumeras numerabunt vulnere *poenas,*
Quot ferro et flammis, hominum quot corpora pontus
Perdidit, aeternam sument per saecula vitam.
Rursum pulvereis renovabit corpora membris.
Protenus et gravido reserabunt lumina somno
Perscriptam[que] suam perdet mēmōria legem.
Ignita sulphoreos stillabunt nubula nimbos,
Impia tunc tremulis ardebunt agmina flammis.
Christus vulnereos numerabit *turba* triumphos.
Hinc Dominus meritas Christus post tempora poenas
Reddet, sed meritis pensabit praemia sanctis.
Intrabunt reprobi tristes tunc oppida dites
In quibus hostīlibus consument corpora flammis
Inferna ac populi flebunt tellore sub imo.
Flammineus gelidum frigos nec *distruet* ignis
Nec rursum rapidas superabunt fulgora *flammas.*
Interea Dominus timidos Aquilonis *ad* axes
Mittet luctiferas haedos intrare per umbras.
Horrida tunc avidi, Domino jūbente, ministri
Protenus angelicis pellent zyzania regnis.
Tartareo vacuas fornax incendet habenas
Corpore funereo claudentur carcere nigro

36. *Pondere* est exprimé ici par *l'O-re.* Il y avait un signe spécial ignoré du scribe.
59. Il faudrait corriger *Christi.*

Tartarea multimodis cruciabunt agmina *poenis*.
Praestabunt refluas nigris fornacibus escas,
Vermibus et flammis *justus quas* arbiter unus
Condidit, et varia consumat corpora poena,
Ducet et innocuos medianis aestibus *Agnus*,
Quorum virgineis *quaerebant praemia palmis*,
Justi tunc niveum *multis cum millibus Agnum*
Soligero patulis *cernent sūb aethere* campis
Au[rea] lanigeras *Christus per* ovilia fœtas
Mittet, et *angelicis* comulabunt agmina regnis.
Monstrabunt anime virtutum laude potentes
Quas laetas Dominus su[perum] deducet in aulas
Sanctorum aethereos cumulabunt agmina campos.
Igni virgineo renovabunt sidera cursus.
O felix animus metuit qui munera vitae
Sumere, cum rutulos rupes *solventur in ignes*,
Postremum et Dominus mortales *solvere leges*,
Scilicet et magnas laetus largire coronas.
Aurea tunc superum *monstrabunt saecula regem.*
Laudibus aethereum Dominus glōrietur in aevum.
Effectus monstrat quos mundi fine canendo
Texerat, et varias divino numine *leges*
Omnipotens rerum genitor quas condidit unus.
Scriptura et verbis finem nunc carmina ponant.

PLANCHE XIII

Bibliothèque Ambrosienne de Milan O 210 sup. Il a été question de ce volume plus haut (p. 117). Les prières ajoutées au fol. 46 v° montrent l'emploi des notes tironiennes mélangées de tachygraphie syllabique fait en Italie au VIIe ou VIIIe siècle. La lecture en est parfois très incertaine, mais le document est fort précieux au point de vue paléographique.

1 Redemptionis *nostrae* munere vegetati, *quaesumus ut hoc nobis* [perpetuae

Planche XIII. — Un certain nombre de ces prières sont extraites du Sacramentaire léonien. Cf. L. Duchesne, Les *origines du culte chrétien*, p. 128 sq, et *Sacramentarium Leonianum*, ed. with Introduction, notes and 3 photographs by Rev. Ch. Lett Feltoe. Cambridge, Univ. press, 1896.

Ligne 1. — Julio mense, 18. P. 55, 14 ed Feltoe.

2 salutis *auxilium fides semper* vera perficiat, per [J. C. etc.]. Da
[nobis, *quaesumus*, ambire
3 quae recta *sunt et* vitare quae noxia, *ut sancta quae* capemus *non*
4 *ad judicium nobis sed* proficiant potius ad medellam, per.
5 Vivificet *nos, quaesumus, Domine*, particepatio *tui sancta* misterii,
[parem
6 *nobis* expiationem tribuat et munimen, per. *Quaesumus, Domine*
7 *Deus noster, quos* sacramentis refecis sustenta praesidiis
8 *et quos* .... beneficiis temporalebus refoves pasce divinis.
9 Tribuat nobis, *Domine, quaesumus*, sanetate[m] mentis et corporis
10 sacramenti *tui* medecina caelestis, ut hujus operatione
11 vegetati *tam praesentia quam aeterna subsidia* capiamus, per.
[*Quaesumus, Domine Deus noster, ut quos* divi-
12 na tribues participatione gaudere, humanis *non* sinas
13 subjacere periculis, per. *Quod* ore sumpsemus, *Domine, quaesu-*
[*mus*, men-
14 te capiamus *et* de munere temporali fiat *nobis remedium* sempi-
15 ternum, per. Tribue *nobis, Domine*, celestis mensae *virtute*
[sa[tia]tis
16 *et desiderare quae recta sunt et desiderata* percepere, per. Celestia
[dona capi-
17 entibus, *quaesumus, Domine, non ad judicium* venire patiaris
[*quod* fedelebus tuis
18 *ad* remedium providesti, per. Sancta *tua, Domine sancte, quae-*
[*sumus*, sumpsi-
19 mus, *Domine*,.......................... conferant firmetatem.
20 Intercessio, *quaesumus, Domine, sancti Leonis* (?) munera nostra
[commendet, *nosque*
21 *sua* veneratione *tuae* majestati reddat acceptos, per.
22 Praesta, *Domine*, munerebus *nostris cum* exultatione pro ve
23 ..... cujus diem passionis annua devotione recolemus
24 [indulgen]tiam subsequamur, per. Fac, *Domine, quaesumus*,
[fedelium
25 grata munera popolorum, *ut quos sermo* conscientiae reatus
26 accusat intercessio *sanctorum*...... *semper absolvat*, per. Munera

Ligne 2. — « Da nobis ». Ibid., p. 56, 10.
— 5. — Ibid. P. 60, 9. — Au lieu de « parem » le Veronensis porte « et pariter ».
— 6. — « Quaesumus ». Ibid., p. 62, 21.
— 9. — Ibid., p. 65, 13.
— 11. — « Quaesumus ». Ibid., p. 66, 18.
— 13. — « Quod ». Ibid., p. 69, 14.
— 15. — « Tribue ». Ibid., p. 70, 19.
— 16. — « Celestia ». Ibid., p. 73, 9.
— 17. — « provenire » Veronensis.

27 *nostra, quaesumus, Domine, sancti* L..... confessio veneranda et [beata c

28 ...., per. Suscipe, *Domine, munera quae in* sanctorum [*tuorum* commemora-

29 tione deferemus *ut ii quorum honore* (?) *gaudebis illorum nobis* [fiant intercessiones.

30 Munera *nostra, Domine sancte, quaesumus,* dignanter adsume [que non nostris meritis

31 sed archangeli Michaelis commemo] ratione sint grata...

PLANCHE XIV

Acte notarié passé à Asti le 8 juillet 987. Original à la cathédrale d'Asti. C'est le seul des documents de tachygraphie syllabique étudié par J. Havet, dont le fac-similé n'ait pas été publié dans ses *Œuvres* (II, p. 492. Pièce D). Je dois à l'obligeance de Mme J. Havet la communication du cliché. Quoique l'original ait beaucoup souffert et soit fort obscur, on pourra peut-être arriver, avec de la patience, à le lire en entier.

Ligne 1 *Car-ta o-fer-si-o-nis quam fe-cit U-ber-tus a par-te ca-no-ni-ca S(anct)e Ma-ri-e.*
— 2 *Do-no et et o-fe-ro* [dans l'interligne : *post me-um de-ces-sum*] *me-am por-ci-o-nem de cas-tro.*
— 3 *ter-ci-a... et me-di-e-t*a (*tem*) *de ca-pel-la.....*
— 4 *casinas.....*
— 8 ...... *Petrus Adelber*[*tus*]............ *octua* [*gesimo*]
— 9 [*septi*]*mo octa*[*vo*].....

PLANCHES XV-XVIII

On possède des *Commentarii notarum Tironianarum* (ou lexiques tironiens) une quinzaine de manuscrits énumérés dans l'édition de Schmitz. Ils remontent tous au IXe ou au commencement du Xe. Les pl. XV-XVIII donnent des spécimens empruntés à quatre manuscrits :

XV. Paris, Bibl. Nat., lat. 190, fol. 23 [cf. Schmitz, tab. 95, 32-72].

XVI. Genève, Biblioth. de la Ville, ms. 85 [cf. Schmitz, tab. 28, 77 — 29, 55].

XVII. Londres, British Museum, Add. 21164 [cf. Schmitz, tab. 36, 28-81].

XVIII. Leide. Vossianus O. 94, fol. 73 v°-74 [cf. Schmitz, tab. 51, 49 a — 52, 5]. En tête de cette planche apparaît le nom presque effacé de « Heriveus Remorum episcopus » qui fut évêque de Reims de 900 à 922.

TABLE DES MATIÈRES

RENNES, FR. SIMON, SUCCESSEUR DE A. LE ROY
IMPRIMEUR BREVETÉ

Pl. I

Bernensis 357.

Paris. 7505.

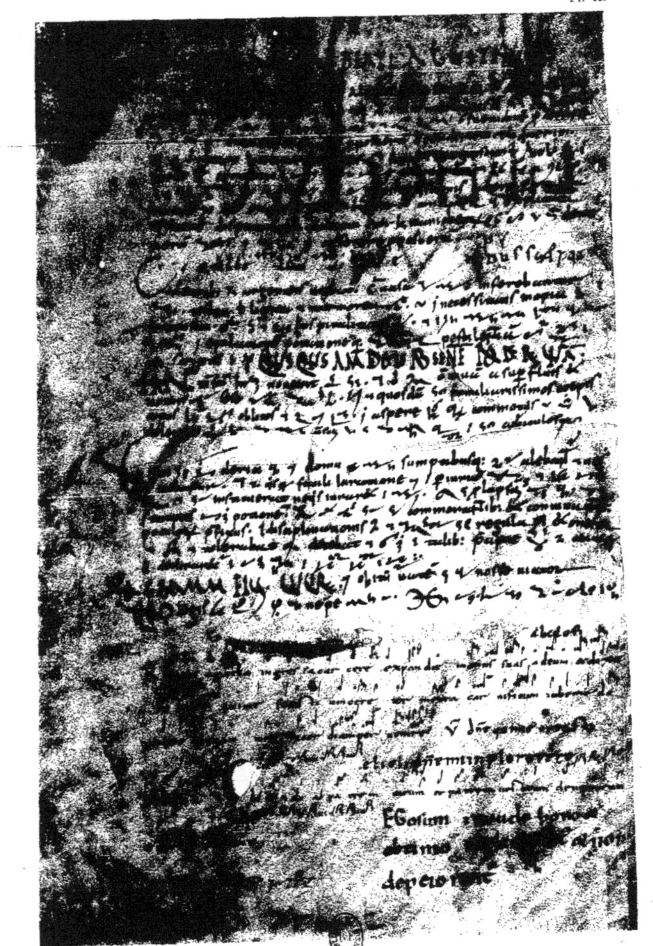

Paris. N. a. l. 1595.

Paris. 9603.

Paris. 9603.

Paris. 9603.

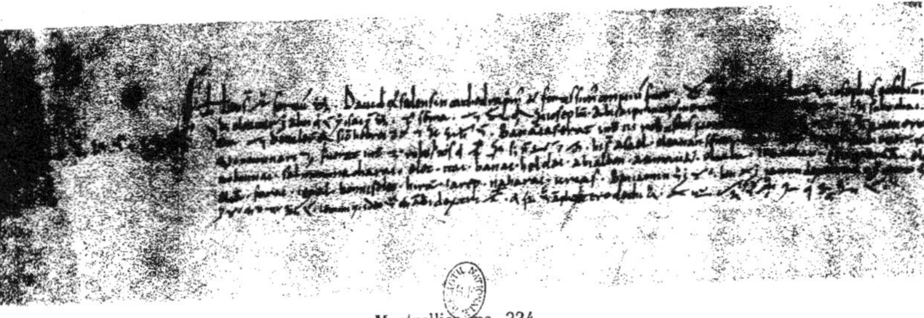

Montpellier ms. 334.

Paris. 9603.

Montpellier ms. 334.

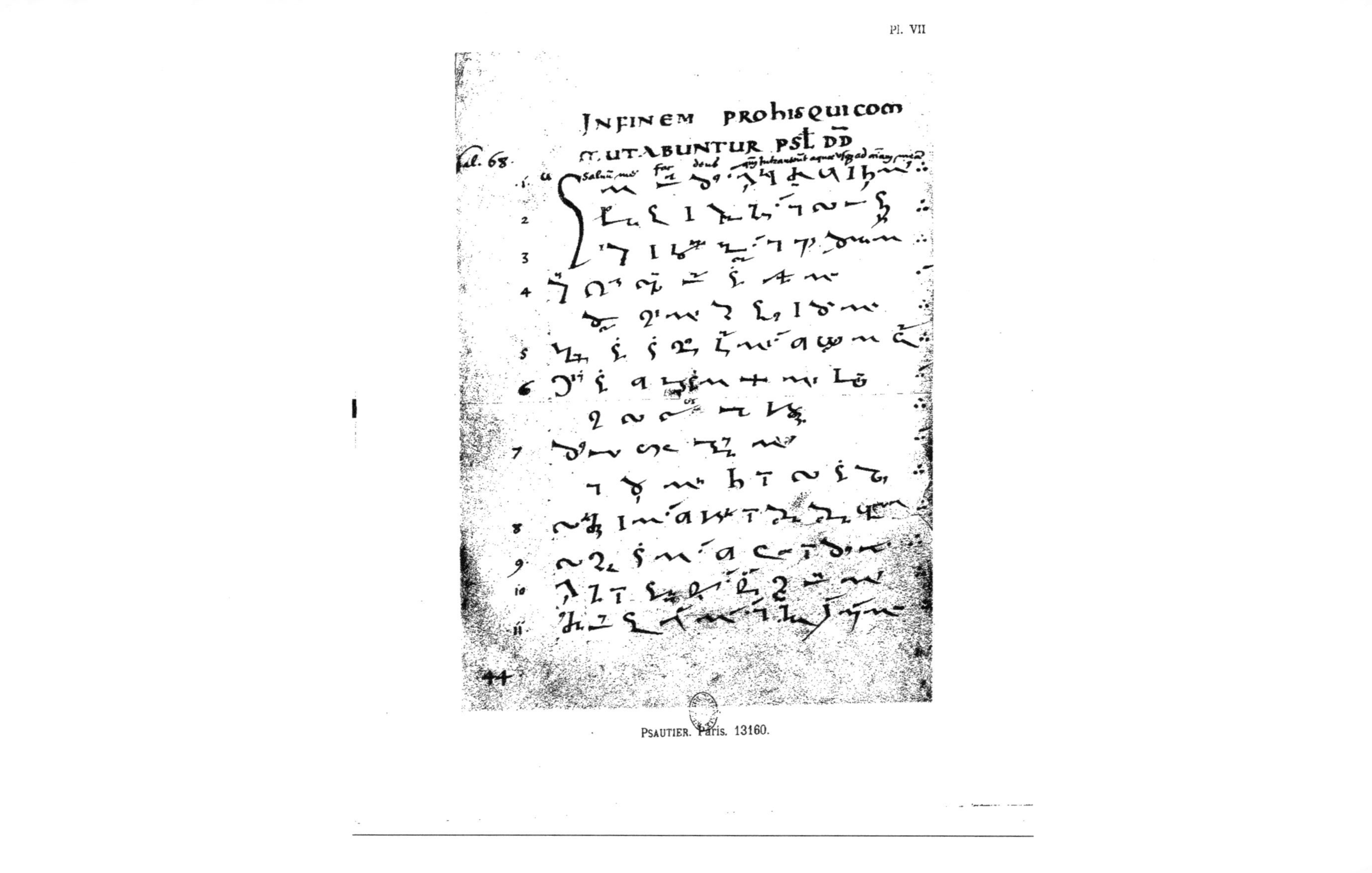

IN FINEM PRO HIS QUI COM[MUTABUNTUR] PS[ALMUS] DD

PSAUTIER. Paris. 13160.

PL. 8

LXVIII INF PROHIS
QVI CÕMUTABVNTUR

(Fol. 57)

PSAUTIER M. — Paris. lat. 190.

[Ps. LXVII, 36 - LXVIII, 25.]

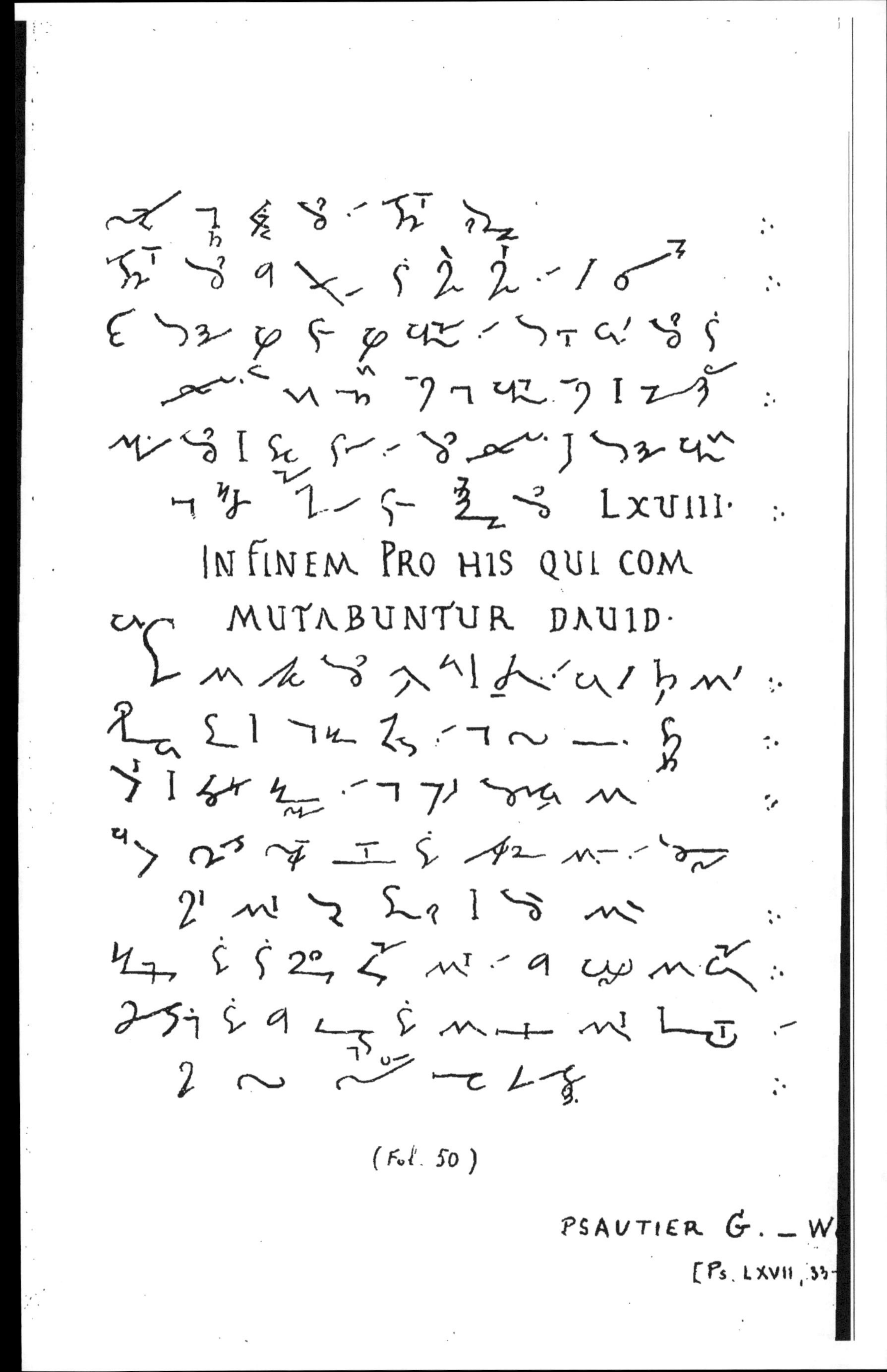

LXVIII·

IN FINEM PRO HIS QUI COM
MUTABUNTUR DAUID·

(Fol. 50)

PSAUTIER G. _ W

[Ps. LXVII, 33-

PL. 9

(Fol. 50 v°)

enbüttel, Aug. 13, 4°.

XVIII, 15.]

LXVIII

(Fol. 39)

PSAUTIER A . — P

[Ps. L

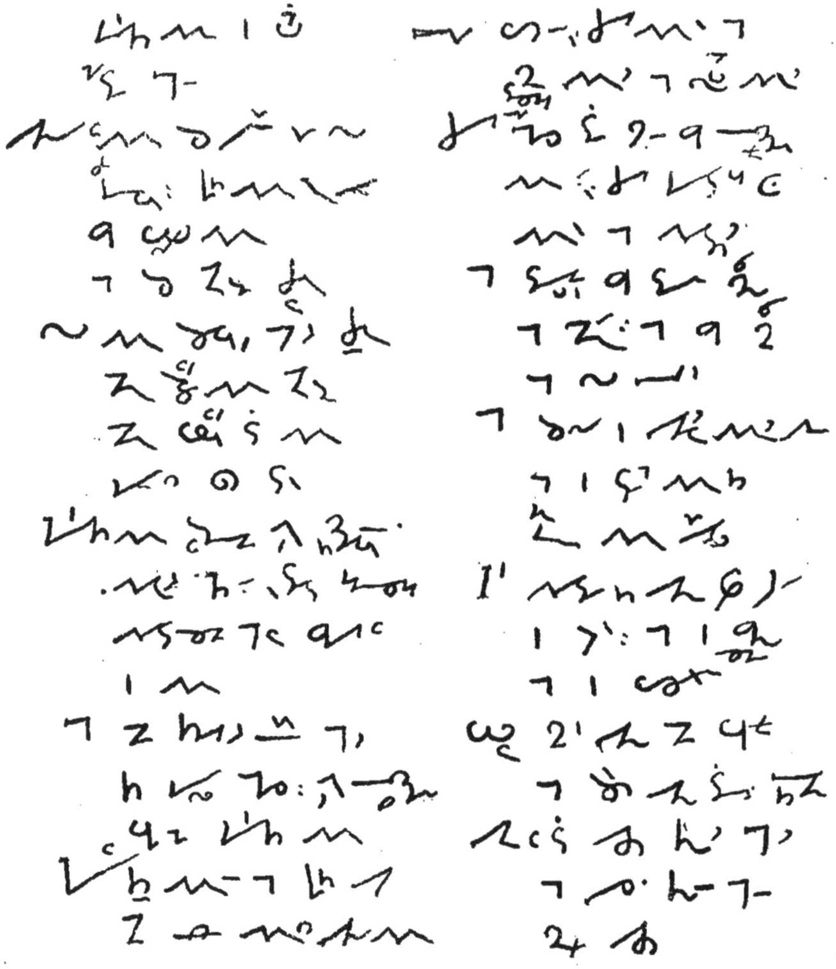

PL. 10

(Fol. 39 v°)

[... II, 2-25.]

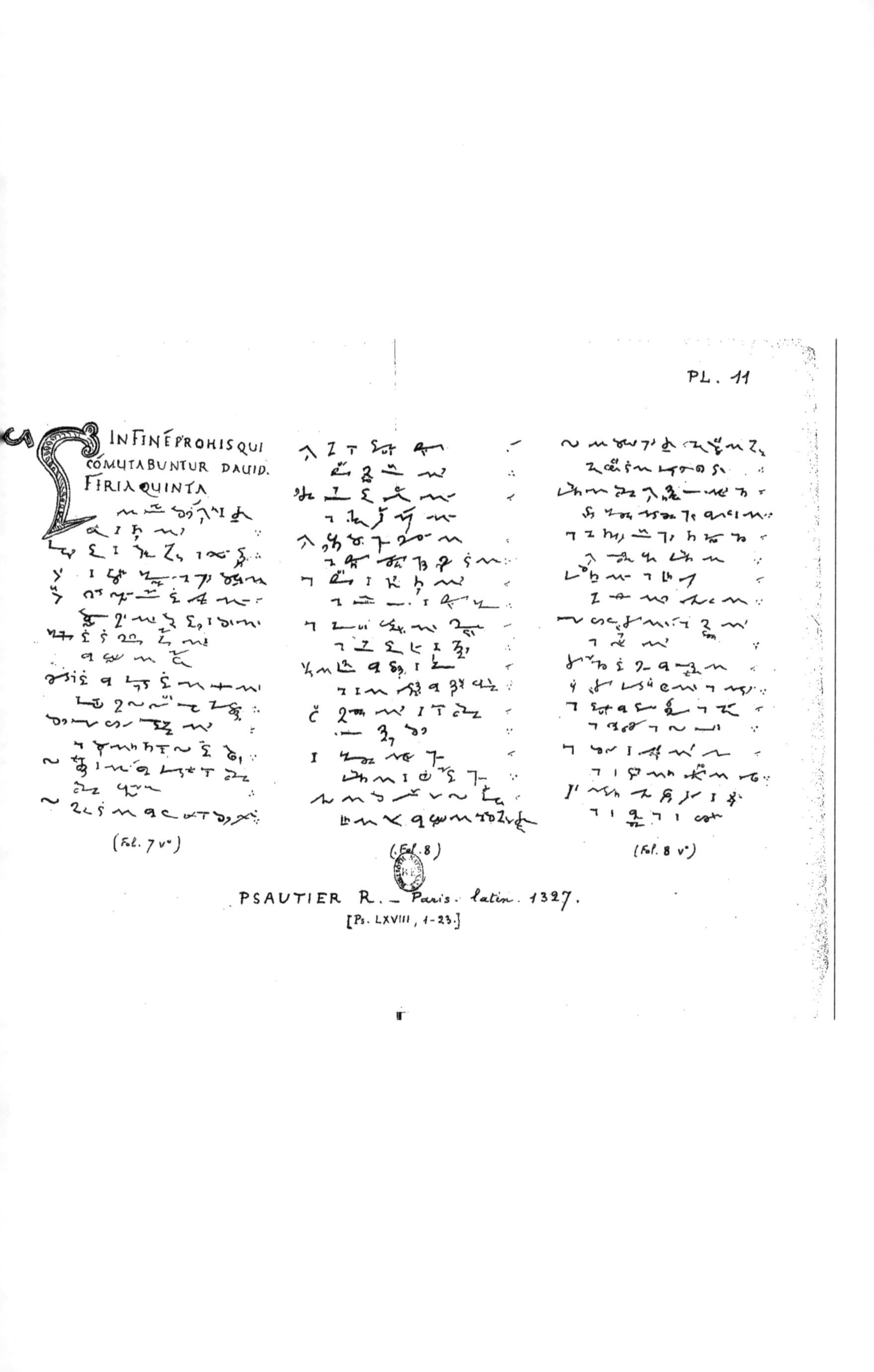

IN FINE PRO HIS QUI
COMUTABUNTUR DAUID.
FIRIA QUINTA

(Fol. 7 v°)

(Fol. 8)

(Fol. 8 v°)

PSAUTIER R. — Paris. latin. 1327.

[Ps. LXVIII, 1-23.]

Paris.

Pl. XIII

Ambrosianus D. 210. sup.

Pl. XIV

Asti. Acte de 987.

Phototypie Berthaud

Faxint
Refutat
Confutat
CODEX
Codices
codicelli
Desertus
Indeserto
Generosus
Generalis
Genitiuus
Genitiualis
Similitudo
Dis
Fortitudo
longitudo
Latitudo
Lentitudo
firmitudo
hebitudo
Beatitudo

lucratur
e
Con
Re
Inelucrabit
Cirrus
cirritus
Cirritudo
Pastellum
Apolloga
Apolluū
lectitulū
Pannus
Pannunculus
Pannunclaria
Tripus
Timpanū
spondus
Sponda
Spondola
spondella
Antegraphū
Antegredū

Commentarii notarum. — Paris. lat. 190 (fol. 23).

Gratiosus
Ingratia
De
Agit
Actor
Actore
Actores
Actori
Actoribus
rebus
Agentem
Egit
Ambiguabes
Adigadeos
Ex Ex
Re Re
Sub Sub
Trans Trans
P P
Co Co
Coactus
Coaculum
Coaculatum
Satagsatego
Actorem
Actores
Actorum

Degit
Fecit
Dis
Exiguum
Figura
Opus
Opifex
Opera
Operarius
Opusculum
Opimus
Opinio
Oportet
Non
Dat opera
Dedit opera
Queritquesiuit
Ad ad
C C
Ex ex
In In
Re Re

P P
Questus
Questor
Questurus
Questura
plenus
plenitudo
plenissimus
plerumque
Implet
Com
Ex
Re
Sup
Supplementum
Inexplebit
Perit
A
ad
Con

Commentarii notarum. — Ms. 85 de Genève.

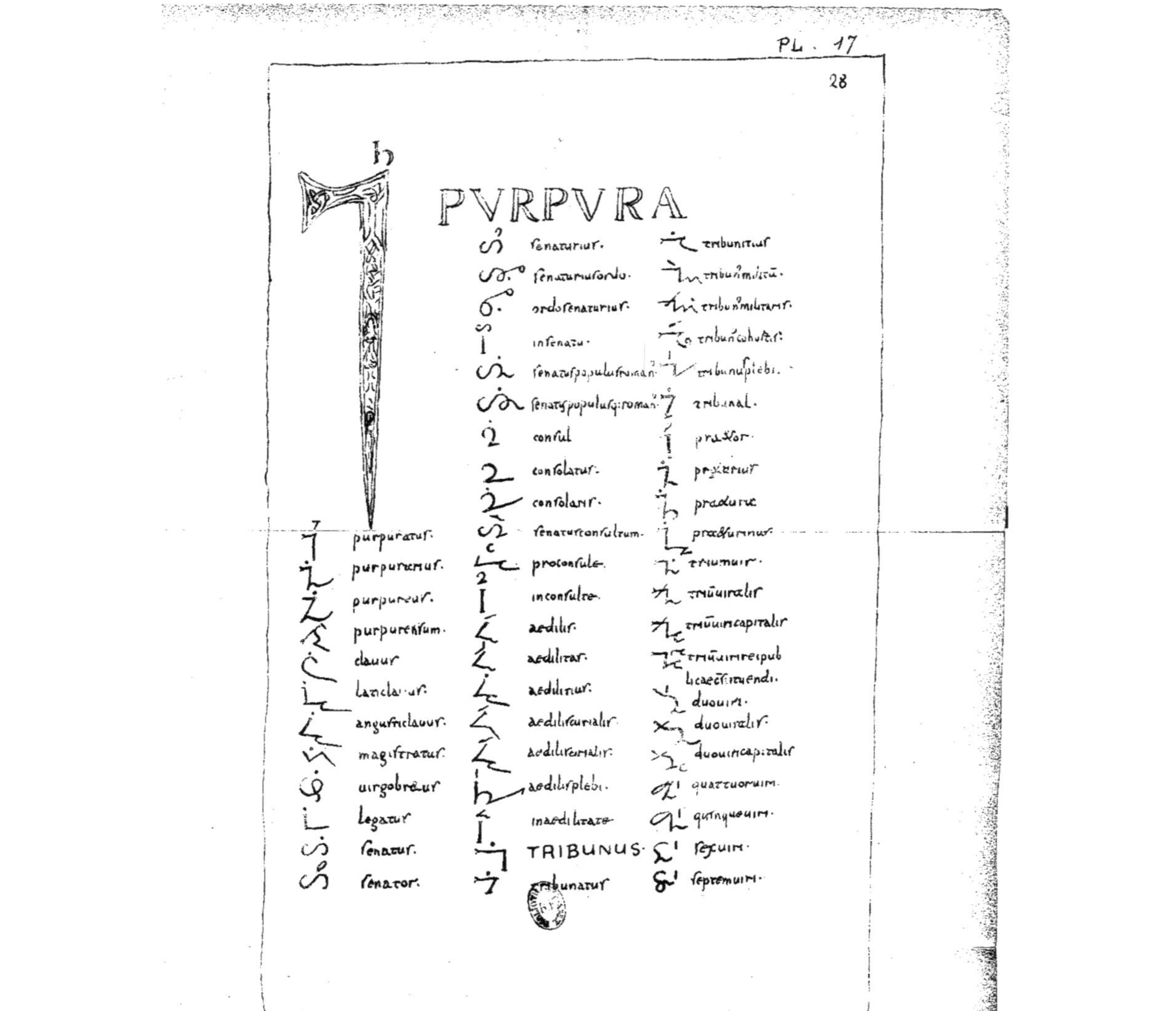

PVRPVRA

	senatorius.	tribunicius
	senatorius ordo.	tribunus militum.
	ordo senatorius.	tribunus militaris.
	in senatu.	tribunus cohortis.
	senatus populusque romanus.	tribunus plebi.
	senatus populusque romani.	tribunal.
	consul	praetor.
	consulatus.	praetorius
	consularis.	praetura
purpuratus.	senatus consultum.	praefurnius.
purpureitus.	proconsule.	triumvir.
purpureus.	in consule.	triumviralis
purpurentum.	aedilis.	triumvir capitalis
clavus	aedilitas.	triumvir rei pub licae constituendi.
laticlavus.	aedilicius.	duumvir.
angusticlavus.	aedilis curialis.	duumviralis.
magistratus.	aedilis cerialis.	duumvir capitalis
vergobretus	aedilis plebi.	quattuorvir.
legatus	in aedilitate	quinquevir.
senatus.	TRIBUNUS.	sexvir.
senator.	tribunatus	septemvir.

Herment remorum fr̄s

	Impeditus		Ultrocitroq;
	Prepedit		Intus
	P̄pedit		Intim9
	mētit		Introit
	Em̄tit		Ultroneus
	Cōmeat		Ob
	Intro		Anterior
	Intra		In
	Extro		Ex
	Extra		Ci
	Citro		De
	Citra		Pos
	ultro		Pecior
	Ultra		Peius
	Ultrocitro		Ulterior

Commentarii notarum. —

74

Nequior	Nouissimus
Maius	Posterum
Ob	In
Exter	Pre
Extmu	Postremum
Extremum	Heres
Extraneus	Co
Extrarius	Ex
Extrinsecus	Exhereditas
In	Heredipeta
Al	Hereditarius
Forinsec	Heres Institut
SECUS	Institut heres
Postsecus	Heres relictus
Ultimus	Relictus heres

F 2

Leide. Vossianus O. 94 (fol. 73 v°-74).

DU MÊME AUTEUR

Quintillien, Institution oratoire. Collation d'un manuscrit du xe siècle (par Émile CHATELAIN et Jules LE COULTRE). Paris. Vieweg, 1875. 52 p. in-8°.

Notice sur les manuscrits des poésies de S. Paulin de Nole suivie d'observations sur le texte. Paris. Thorin, 1880. 98 p. in-8°.

Prosodie latine, suivie d'un appendice sur la prosodie grecque (par Charles THUROT et Émile CHATELAIN). Paris. Hachette, 1882. III-150 p. in-16.

Lexique latin-français, à l'usage des candidats au baccalauréat ès lettres. Paris. Hachette, 1882. IV-341 p. in-16.

Lexique latin-français, à l'usage des classes élémentaires, par E. SOMMER. Nouvelle édition entièrement refondue par Émile CHATELAIN. Paris, Hachette, 1884. VII-471 p. in-8°.

Lexique français-latin, à l'usage des classes élémentaires, par E. SOMMER. Nouvelle édition entièrement refondue par Émile CHATELAIN. Paris, Hachette, 1885. VIII-512 p. in-8°.

Dictionnaire latin-français, par L. QUICHERAT et A. DAVELUY. Nouvelle édition revisée, corrigée et augmentée d'après les travaux les plus récents de la lexicographie latine, par Émile CHATELAIN. Paris, Hachette, 188[illegible]. XXVIII-1515 p. gr. in-8°.

Dictionnaire français-latin, par L. QUICHERAT. Nouvelle édition revisée, corrigée et augmentée des principaux noms historiques et géographiques, par Émile CHATELAIN. Paris. Hachette, 1891. XXIV-1552 p. gr. in-8°.

Collection de reproduction de manuscrits publiés par L. LEROUX. Classiques latins. I. Catulle. Manuscrit de Saint-Germain-des-Prés (Bibl. Nat. 14137), précédé d'une étude par Émile CHATELAIN. Paris. Leroux, 1890. in-8°.

Thesaurus poeticus linguæ latinæ, par L. QUICHERAT. Nouvelle édition revue et corrigée par Émile CHATELAIN. Paris. Hachette, 1892. XXIV-1251 p. gr. in-8°.

Paléographie des classiques latins. 15 livraisons (210 pl.). Paris. Hachette, 1884-1900. 2 vol. in-fol.

Ouvrage couronné par l'Académie des Inscriptions. (*Prix Jean Reynaud*, *1895*.)

Chartularium Universitatis Parisiensis, sub auspiciis Consilii generalis Facultatum Parisiensium, ex diversis bibliothecis tabulariisque collegit et cum authenticis chartis contulit Henricus Denifle, auxiliante Aemilio CHATELAIN. T. I-IV. Parisiis. Delalain. 1889-1897. 4 vol. gr. in-4°.

Auctarium Chartularii Universitatis Parisiensis. Ediderunt H. Denifle et Aem. CHATELAIN. Parisiis, Delalain, 1894-1897. 2 vol. gr. in-4°.

Ouvrage couronné par l'Académie des Inscriptions. (*Prix Berger*, *1898*.)

Imp. A. LE ROY. — FR. SIMON, Sr. — Rennes (3085-00).

www.ingramcontent.com/pod-product-compliance
Ingram Content Group UK Ltd.
Pitfield, Milton Keynes, MK11 3LW, UK
UKHW021904260726
13966UKWH00006B/513